Gesetz über den Verkehr mit Betäubungsmitteln (Betäubungsmittelgesetz – BtMG)

mit

Grundstoffüberwachungsgesetz

3. Auflage 2018

Impressum

© Verlag MGJV, Poelchaucamp 20, 22301 Hamburg, Kontakt: mgjv.verlag@gmail.com; - Redaktion GROELSV. Konstruktive Hinweise und Verbesserungsvorschläge nehmen wir gerne entgegen.

Inhaltliche Verantwortung und Aktualität: Redaktion MGJV

Satz, Druck und Bindung: Externe Dienstleister; alle Rechte MGJV-Verlag

Umschlaggestaltung: Gustav Broedecker. Alle Rechte MGJV-Verlag

Wir sind bemüht, ein ansprechendes Produkt zu gestalten, dass vernünftigen Ansprüchen an das Preis/Leistungsverhältnis gerecht wird.

- - - - -

Über eine Bewertung bei Amazon oder anderen Distributoren freut sich die Redaktion.Mit Kritik und Verbesserungsvorschlägen für künftige Ausgaben wenden Sie sich auch gerne an MGJV.Verlag@gmail.com. Wir nehmen hilfreiche Hinweise sehr ernst.

Vielen Dank, Ihre Redaktion MGJV

1

Inhaltsverzeichnis

Gesetz über den Verkehr mit
Betäubungsmitteln (Betäubungsmittelgesetz - BtMG)

BtMG

Ausfertigungsdatum: 28.07.1981

"Betäubungsmittelgesetz in der Fassung der Bekanntmachung vom 1. März 1994 (BGBl. I S. 358), das zuletzt durch Artikel 1 der Verordnung vom 16. Juni 2017 (BGBl. I S. 1670) geändert worden ist".Neugefasst durch Bek. v. 1.3.1994 I 358; zuletzt geändert durch Art. 1 V v. 16.6.2017 I 1670.

Fußnote

(+++ Textnachweis Geltung ab: 1.8.1981 +++)

(+++ Maßgaben aufgrund EinigVtr nicht mehr anzuwenden gem. Art. 109 Nr. 4
    Buchst. c DBuchst. aa G v. 8.12.2010 I 1864 mWv 15.12.2010 +++)

(+++ Amtlicher Hinweis des Normgebers auf EG-Recht:
    Beachtung der
    EGRL 34/98 (CELEX Nr: 398L0034)
    Notifizierung der
    EGRL 34/98 (CELEX Nr: 31998L0034 vgl. V v. 18.5.2015 I 723 +++)

Das Gesetz wurde als Artikel 1 des G v. 28.7.1981 I 681 vom Bundestag mit Zustimmung des Bundesrates beschlossen. Es ist am 1.1.1982 gem. Art. 7 Abs. 1 d. Gzur Neuordnung d. Betäubungsmittelrechts v. 28.7.1981 BGBl. I S. 681, 1187 in Kraft getreten.

Die Vorschriften, die zum Erlaß von Rechtsverordnungen ermächtigen, treten gem. Art. 7 Abs. 1 d. G zur Neuordnung d. Betäubungsmittelrechts v. 28.7.1981 BGBl. I S. 681, 1187 am Tag nach der Verkündung in Kraft. Das G wurde am 31.7.1981 verkündet.

-

Erster Abschnitt
Begriffsbestimmungen

-

§ 1 Betäubungsmittel

(1) Betäubungsmittel im Sinne dieses Gesetzes sind die in den Anlagen I bis III aufgeführten Stoffe und Zubereitungen.

(2) Die Bundesregierung wird ermächtigt, nach Anhörung von Sachverständigen durch Rechtsverordnung mit Zustimmung des Bundesrates die Anlagen I bis III zu ändern oder zu ergänzen, wenn dies

1.

 nach wissenschaftlicher Erkenntnis wegen der Wirkungsweise eines Stoffes, vor allem im Hinblick auf das Hervorrufen einer Abhängigkeit,

2.

 wegen der Möglichkeit, aus einem Stoff oder unter Verwendung eines Stoffes Betäubungsmittel herstellen zu können, oder

3.

 zur Sicherheit oder zur Kontrolle des Verkehrs mit Betäubungsmitteln oder anderen Stoffen oder Zubereitungen wegen des Ausmaßes der mißbräuchlichen Verwendung und wegen der unmittelbaren oder mittelbaren Gefährdung der Gesundheit erforderlich ist. In der Rechtsverordnung nach Satz 1 können einzelne Stoffe oder Zubereitungen ganz oder teilweise von der Anwendung dieses Gesetzes oder einer auf Grund dieses Gesetzes erlassenen Rechtsverordnung ausgenommen werden, soweit die Sicherheit und die Kontrolle des Betäubungsmittelverkehrs gewährleistet bleiben.

(3) Das Bundesministerium für Gesundheit wird ermächtigt in dringenden Fällen zur Sicherheit oder zur Kontrolle des Betäubungsmittelverkehrs durch Rechtsverordnung ohne Zustimmung des Bundesrates Stoffe und Zubereitungen, die nicht Arzneimittel sind, in die Anlagen I bis III aufzunehmen, wenn dies wegen des Ausmaßes der mißbräuchlichen Verwendung und wegen der unmittelbaren oder mittelbaren Gefährdung der Gesundheit erforderlich ist. Eine auf der Grundlage dieser Vorschrift erlassene Verordnung tritt nach Ablauf eines Jahres außer Kraft.

(4) Das Bundesministerium für Gesundheit (Bundesministerium) wird ermächtigt, durch Rechtsverordnung ohne Zustimmung des Bundesrates die Anlagen I bis III oder die auf Grund dieses Gesetzes erlassenen Rechtsverordnungen zu ändern, soweit das auf Grund von Änderungen der Anhänge zu dem Einheits-Übereinkommen von 1961 über Suchtstoffe in der Fassung der Bekanntmachung vom 4. Februar 1977 (BGBl. II S. 111) und dem Übereinkommen von 1971 über psychotrope Stoffe (BGBl. 1976 II S. 1477) (Internationale Suchtstoffübereinkommen) in ihrer jeweils für die Bundesrepublik Deutschland verbindlichen Fassung erforderlich ist.

-

§ 2 Sonstige Begriffe

(1) Im Sinne dieses Gesetzes ist

1.

    Stoff:

    a)

chemische Elemente und chemische Verbindungen sowie deren natürlich vorkommende Gemische und Lösungen,

b)

Pflanzen, Algen, Pilze und Flechten sowie deren Teile und Bestandteile in bearbeitetem oder unbearbeitetem Zustand,

c)

Tierkörper, auch lebender Tiere, sowie Körperteile, -bestandteile und Stoffwechselprodukte von Mensch und Tier in bearbeitetem oder unbearbeitetem Zustand,

d)

Mikroorganismen einschließlich Viren sowie deren Bestandteile oder Stoffwechselprodukte;

2.

Zubereitung:
ohne Rücksicht auf ihren Aggregatzustand ein Stoffgemisch oder die Lösung eines oder mehrerer Stoffe außer den natürlich vorkommenden Gemischen und Lösungen;

3.

ausgenommene Zubereitung:
eine in den Anlagen I bis III bezeichnete Zubereitung, die von den betäubungsmittelrechtlichen Vorschriften ganz oder teilweise ausgenommen ist;

4.

Herstellen:
das Gewinnen, Anfertigen, Zubereiten, Be- oder Verarbeiten, Reinigen und Umwandeln.

(2) Der Einfuhr oder Ausfuhr eines Betäubungsmittels steht jedes sonstige Verbringen in den oder aus dem Geltungsbereich dieses Gesetzes gleich.

Zweiter Abschnitt
Erlaubnis und Erlaubnisverfahren

6

-

§ 3 Erlaubnis zum Verkehr mit Betäubungsmitteln

(1) Einer Erlaubnis des Bundesinstitutes für Arzneimittel und Medizinprodukte
bedarf, wer

1.

Betäubungsmittel anbauen, herstellen, mit ihnen Handel treiben, sie, ohne mit
ihnen Handel zu treiben, einführen, ausführen, abgeben, veräußern, sonst in
den Verkehr bringen, erwerben oder

2.

ausgenommene Zubereitungen (§ 2 Abs. 1 Nr. 3) herstellen

will.

(2) Eine Erlaubnis für die in Anlage I bezeichneten Betäubungsmittel kann das
Bundesinstitut für Arzneimittel und Medizinprodukte nur ausnahmsweise zu
wissenschaftlichen oder anderen im öffentlichen Interesse liegenden Zwecken
erteilen.

-

§ 4 Ausnahmen von der Erlaubnispflicht

(1) Einer Erlaubnis nach § 3 bedarf nicht, wer

1.

im Rahmen des Betriebs einer öffentlichen Apotheke oder einer
Krankenhausapotheke (Apotheke)

a)

in Anlage II oder III bezeichnete Betäubungsmittel oder dort
ausgenommene Zubereitungen herstellt,

b)

in Anlage II oder III bezeichnete Betäubungsmittel erwirbt,

7

c)

in Anlage III bezeichnete Betäubungsmittel auf Grund ärztlicher,
zahnärztlicher oder tierärztlicher Verschreibung abgibt,

d)

in Anlage II oder III bezeichnete Betäubungsmittel an Inhaber einer
Erlaubnis zum Erwerb dieser Betäubungsmittel zurückgibt oder an den
Nachfolger im Betrieb der Apotheke abgibt,

e)

in Anlage I, II oder III bezeichnete Betäubungsmittel zur Untersuchung,
zur Weiterleitung an eine zur Untersuchung von Betäubungsmitteln
berechtigte Stelle oder zur Vernichtung entgegennimmt oder

f)

in Anlage III bezeichnete Opioide in Form von Fertigarzneimitteln in
transdermaler oder in transmucosaler Darreichungsform an eine
Apotheke zur Deckung des nicht aufschiebbaren
Betäubungsmittelbedarfs eines ambulant versorgten Palliativpatienten
abgibt, wenn die empfangende Apotheke die Betäubungsmittel nicht
vorrätig hat,

2.

im Rahmen des Betriebs einer tierärztlichen Hausapotheke in Anlage III
bezeichnete Betäubungsmittel in Form von Fertigarzneimitteln

a)

für ein von ihm behandeltes Tier miteinander, mit anderen
Fertigarzneimitteln oder arzneilich nicht wirksamen Bestandteilen zum
Zwecke der Anwendung durch ihn oder für die Immobilisation eines von
ihm behandelten Zoo-, Wild- und Gehegetieres mischt,

b)

erwirbt,

c)

8

für ein von ihm behandeltes Tier oder Mischungen nach Buchstabe a für die Immobilisation eines von ihm behandelten Zoo-, Wild- und Gehegetieres abgibt oder

d)

an Inhaber der Erlaubnis zum Erwerb dieser Betäubungsmittel zurückgibt oder an den Nachfolger im Betrieb der tierärztlichen Hausapotheke abgibt,

3.

in Anlage III bezeichnete Betäubungsmittel

a)

auf Grund ärztlicher, zahnärztlicher oder tierärztlicher Verschreibung,

b)

zur Anwendung an einem Tier von einer Person, die dieses Tier behandelt und eine tierärztliche Hausapotheke betreibt, oder

c)

von einem Arzt nach § 13 Absatz 1a Satz 1

erwirbt,

4.

in Anlage III bezeichnete Betäubungsmittel

a)

als Arzt, Zahnarzt oder Tierarzt im Rahmen des grenzüberschreitenden Dienstleistungsverkehrs oder

b)

auf Grund ärztlicher, zahnärztlicher oder tierärztlicher Verschreibung erworben hat und sie als Reisebedarf

ausführt oder einführt,

5.

gewerbsmäßig

a)

an der Beförderung von Betäubungsmitteln zwischen befugten Teilnehmern am Betäubungsmittelverkehr beteiligt ist oder die Lagerung und Aufbewahrung von Betäubungsmitteln im Zusammenhang mit einer solchen Beförderung oder für einen befugten Teilnehmer am Betäubungsmittelverkehr übernimmt oder

b)

die Versendung von Betäubungsmitteln zwischen befugten Teilnehmern am Betäubungsmittelverkehr durch andere besorgt oder vermittelt oder

6.

in Anlage I, II oder III bezeichnete Betäubungsmittel als Proband oder Patient im Rahmen einer klinischen Prüfung oder in Härtefällen nach § 21 Absatz 2 Nummer 6 des Arzneimittelgesetzes in Verbindung mit Artikel 83 der Verordnung (EG) Nr. 726/2004 des Europäischen Parlaments und des Rates vom 31. März 2004 zur Festlegung von Gemeinschaftsverfahren für die Genehmigung und Überwachung von Human- und Tierarzneimitteln und zur Errichtung einer Europäischen Arzneimittel-Agentur (ABl. L 136 vom 30.4.2004, S. 1) erwirbt.

(2) Einer Erlaubnis nach § 3 bedürfen nicht Bundes- und Landesbehörden für den Bereich ihrer dienstlichen Tätigkeit sowie die von ihnen mit der Untersuchung von Betäubungsmitteln beauftragten Behörden.

(3) Wer nach Absatz 1 Nr. 1 und 2 keiner Erlaubnis bedarf und am Betäubungsmittelverkehr teilnehmen will, hat dies dem Bundesinstitut für Arzneimittel und Medizinprodukte zuvor anzuzeigen. Die Anzeige muß enthalten:

1.

den Namen und die Anschriften des Anzeigenden sowie der Apotheke oder der tierärztlichen Hausapotheke,

2.

das Ausstellungsdatum und die ausstellende Behörde der apothekenrechtlichen Erlaubnis oder der Approbation als Tierarzt und

3.

das Datum des Beginns der Teilnahme am Betäubungsmittelverkehr.

Das Bundesinstitut für Arzneimittel und Medizinprodukte unterrichtet die zuständige oberste Landesbehörde unverzüglich über den Inhalt der Anzeigen, soweit sie tierärztliche Hausapotheken betreffen.

-

§ 5 Versagung der Erlaubnis

(1) Die Erlaubnis nach § 3 ist zu versagen, wenn

1.

nicht gewährleistet ist, daß in der Betriebsstätte und, sofern weitere Betriebsstätten in nicht benachbarten Gemeinden bestehen, in jeder dieser Betriebsstätten eine Person bestellt wird, die verantwortlich ist für die Einhaltung der betäubungsmittelrechtlichen Vorschriften und der Anordnungen der Überwachungsbehörden (Verantwortlicher); der Antragsteller kann selbst die Stelle eines Verantwortlichen einnehmen,

2.

der vorgesehene Verantwortliche nicht die erforderliche Sachkenntnis hat oder die ihm obliegenden Verpflichtungen nicht ständig erfüllen kann,

3.

Tatsachen vorliegen, aus denen sich Bedenken gegen die Zuverlässigkeit des Verantwortlichen, des Antragstellers, seines gesetzlichen Vertreters oder bei juristischen Personen oder nicht rechtsfähigen Personenvereinigungen der nach Gesetz, Satzung oder Gesellschaftsvertrag zur Vertretung oder Geschäftsführung Berechtigten ergeben,

4.

geeignete Räume, Einrichtungen und Sicherungen für die Teilnahme am Betäubungsmittelverkehr oder die Herstellung ausgenommener Zubereitungen nicht vorhanden sind,

5.

11

die Sicherheit oder Kontrolle des Betäubungsmittelverkehrs oder der Herstellung ausgenommener Zubereitungen aus anderen als den in den Nummern 1 bis 4 genannten Gründen nicht gewährleistet ist,

6.

die Art und der Zweck des beantragten Verkehrs nicht mit dem Zweck dieses Gesetzes, die notwendige medizinische Versorgung der Bevölkerung sicherzustellen, daneben aber den Mißbrauch von Betäubungsmitteln oder die mißbräuchliche Herstellung ausgenommener Zubereitungen sowie das Entstehen oder Erhalten einer Betäubungsmittelabhängigkeit soweit wie möglich auszuschließen, vereinbar ist oder

7.

bei Beanstandung der vorgelegten Antragsunterlagen einem Mangel nicht innerhalb der gesetzten Frist (§ 8 Abs. 2) abgeholfen wird.

(2) Die Erlaubnis kann versagt werden, wenn sie der Durchführung der internationalen Suchtstoffübereinkommen oder Beschlüssen, Anordnungen oder Empfehlungen zwischenstaatlicher Einrichtungen der Suchtstoffkontrolle entgegensteht oder dies wegen Rechtsakten der Organe der Europäischen Union geboten ist.

-

§ 6 Sachkenntnis

(1) Der Nachweis der erforderlichen Sachkenntnis (§ 5 Abs. 1 Nr. 2) wird erbracht

1.

im Falle des Herstellens von Betäubungsmitteln oder ausgenommenen Zubereitungen, die Arzneimittel sind, durch den Nachweis der Sachkenntnis nach § 15 Absatz 1 des Arzneimittelgesetzes,

2.

im Falle des Herstellens von Betäubungsmitteln, die keine Arzneimittel sind, durch das Zeugnis über eine nach abgeschlossenem wissenschaftlichem

Hochschulstudium der Biologie, der Chemie, der Pharmazie, der Human-
oder der Veterinärmedizin abgelegte Prüfung und durch die Bestätigung einer
mindestens einjährigen praktischen Tätigkeit in der Herstellung oder Prüfung
von Betäubungsmitteln,

3.

im Falle des Verwendens für wissenschaftliche Zwecke durch das Zeugnis
über eine nach abgeschlossenem wissenschaftlichem Hochschulstudium der
Biologie, der Chemie, der Pharmazie, der Human- oder der Veterinärmedizin
abgelegte Prüfung und

4.

in allen anderen Fällen durch das Zeugnis über eine abgeschlossene
Berufsausbildung als Kaufmann im Groß- und Außenhandel in den
Fachbereichen Chemie oder Pharma und durch die Bestätigung einer
mindestens einjährigen praktischen Tätigkeit im Betäubungsmittelverkehr.

(2) Das Bundesinstitut für Arzneimittel und Medizinprodukte kann im Einzelfall von
den im Absatz 1 genannten Anforderungen an die Sachkenntnis abweichen, wenn
die Sicherheit und Kontrolle des Betäubungsmittelverkehrs oder der Herstellung
ausgenommener Zubereitungen gewährleistet sind.

-

§ 7 Antrag

Der Antrag auf Erteilung einer Erlaubnis nach § 3 ist in doppelter Ausfertigung beim
Bundesinstitut für Arzneimittel und Medizinprodukte zu stellen, das eine
Ausfertigung der zuständigen obersten Landesbehörde übersendet. Dem Antrag
müssen folgende Angaben und Unterlagen beigefügt werden:

1.

die Namen, Vornamen oder die Firma und die Anschriften des Antragstellers
und der Verantwortlichen,

2.

13

für die Verantwortlichen die Nachweise über die erforderliche Sachkenntnis und Erklärungen darüber, ob und auf Grund welcher Umstände sie die ihnen obliegenden Verpflichtungen ständig erfüllen können,

3.

eine Beschreibung der Lage der Betriebsstätten nach Ort (gegebenenfalls Flurbezeichnung), Straße, Hausnummer, Gebäude und Gebäudeteil sowie der Bauweise des Gebäudes,

4.

eine Beschreibung der vorhandenen Sicherungen gegen die Entnahme von Betäubungsmitteln durch unbefugte Personen,

5.

die Art des Betäubungsmittelverkehrs (§ 3 Abs. 1),

6.

die Art und die voraussichtliche Jahresmenge der herzustellenden oder benötigten Betäubungsmittel,

7.

im Falle des Herstellens (§ 2 Abs. 1 Nr. 4) von Betäubungsmitteln oder ausgenommenen Zubereitungen eine kurzgefaßte Beschreibung des Herstellungsganges unter Angabe von Art und Menge der Ausgangsstoffe oder -zubereitungen, der Zwischen- und Endprodukte, auch wenn Ausgangsstoffe oder -zubereitungen, Zwischen- oder Endprodukte keine Betäubungsmittel sind; bei nicht abgeteilten Zubereitungen zusätzlich die Gewichtsvomhundertsätze, bei abgeteilten Zubereitungen die Gewichtsmengen der je abgeteilte Form enthaltenen Betäubungsmittel und

8.

im Falle des Verwendens zu wissenschaftlichen oder anderen im öffentlichen Interesse liegenden Zwecken eine Erläuterung des verfolgten Zwecks unter Bezugnahme auf einschlägige wissenschaftliche Literatur.

-

14

§ 8 Entscheidung

(1) Das Bundesinstitut für Arzneimittel und Medizinprodukte soll innerhalb von drei Monaten nach Eingang des Antrages über die Erteilung der Erlaubnis entscheiden. Es unterrichtet die zuständige oberste Landesbehörde unverzüglich über die Entscheidung.

(2) Gibt das Bundesinstitut für Arzneimittel und Medizinprodukte dem Antragsteller Gelegenheit, Mängeln des Antrages abzuhelfen, so wird die in Absatz 1 bezeichnete Frist bis zur Behebung der Mängel oder bis zum Ablauf der zur Behebung der Mängel gesetzten Frist gehemmt. Die Hemmung beginnt mit dem Tage, an dem dem Antragsteller die Aufforderung zur Behebung der Mängel zugestellt wird.

(3) Der Inhaber der Erlaubnis hat jede Änderung der in § 7 bezeichneten Angaben dem Bundesinstitut für Arzneimittel und Medizinprodukte unverzüglich mitzuteilen. Bei einer Erweiterung hinsichtlich der Art der Betäubungsmittel oder des Betäubungsmittelverkehrs sowie bei Änderungen in der Person des Erlaubnisinhabers oder der Lage der Betriebsstätten, ausgenommen innerhalb eines Gebäudes, ist eine neue Erlaubnis zu beantragen. In den anderen Fällen wird die Erlaubnis geändert. Die zuständige oberste Landesbehörde wird über die Änderung der Erlaubnis unverzüglich unterrichtet.

-

§ 9 Beschränkungen, Befristung, Bedingungen und Auflagen

(1) Die Erlaubnis ist zur Sicherheit und Kontrolle des Betäubungsmittelverkehrs oder der Herstellung ausgenommener Zubereitungen auf den jeweils notwendigen Umfang zu beschränken. Sie muß insbesondere regeln:

1.

   die Art der Betäubungsmittel und des Betäubungsmittelverkehrs,

2.

   die voraussichtliche Jahresmenge und den Bestand an Betäubungsmitteln,

3.

die Lage der Betriebstätten und

4.

den Herstellungsgang und die dabei anfallenden Ausgangs-, Zwischen- und Endprodukte, auch wenn sie keine Betäubungsmittel sind.

(2) Die Erlaubnis kann

1.

befristet, mit Bedingungen erlassen oder mit Auflagen verbunden werden oder

2.

nach ihrer Erteilung hinsichtlich des Absatzes 1 Satz 2 geändert oder mit sonstigen Beschränkungen oder Auflagen versehen werden,

wenn dies zur Sicherheit oder Kontrolle des Betäubungsmittelverkehrs oder der Herstellung ausgenommener Zubereitungen erforderlich ist oder die Erlaubnis der Durchführung der internationalen Suchtstoffübereinkommen oder von Beschlüssen, Anordnungen oder Empfehlungen zwischenstaatlicher Einrichtungen der Suchtstoffkontrolle entgegensteht oder dies wegen Rechtsakten der Organe der Europäischen Union geboten ist.

-

§ 10 Rücknahme und Widerruf

(1) Die Erlaubnis kann auch widerrufen werden, wenn von ihr innerhalb eines Zeitraumes von zwei Kalenderjahren kein Gebrauch gemacht worden ist. Die Frist kann verlängert werden, wenn ein berechtigtes Interesse glaubhaft gemacht wird.

(2) Die zuständige oberste Landesbehörde wird über die Rücknahme oder den Widerruf der Erlaubnis unverzüglich unterrichtet.

-

16

§ 10a Erlaubnis für den Betrieb von Drogenkonsumräumen

(1) Einer Erlaubnis der zuständigen obersten Landesbehörde bedarf, wer eine Einrichtung betreiben will, in deren Räumlichkeiten Betäubungsmittelabhängigen eine Gelegenheit zum Verbrauch von mitgeführten, ärztlich nicht verschriebenen Betäubungsmitteln verschafft oder gewährt wird (Drogenkonsumraum). Eine Erlaubnis kann nur erteilt werden, wenn die Landesregierung die Voraussetzungen für die Erteilung in einer Rechtsverordnung nach Maßgabe des Absatzes 2 geregelt hat.

(2) Die Landesregierungen werden ermächtigt, durch Rechtsverordnung die Voraussetzungen für die Erteilung einer Erlaubnis nach Absatz 1 zu regeln. Die Regelungen müssen insbesondere folgende Mindeststandards für die Sicherheit und Kontrolle beim Verbrauch von Betäubungsmitteln in Drogenkonsumräumen festlegen:

1.

Zweckdienliche sachliche Ausstattung der Räumlichkeiten, die als Drogenkonsumraum dienen sollen;

2.

Gewährleistung einer sofort einsatzfähigen medizinischen Notfallversorgung;

3.

medizinische Beratung und Hilfe zum Zwecke der Risikominderung beim Verbrauch der von Abhängigen mitgeführten Betäubungsmittel;

4.

Vermittlung von weiterführenden und ausstiegsorientierten Angeboten der Beratung und Therapie;

5.

Maßnahmen zur Verhinderung von Straftaten nach diesem Gesetz in Drogenkonsumräumen, abgesehen vom Besitz von Betäubungsmitteln nach § 29 Abs. 1 Satz 1 Nr. 3 zum Eigenverbrauch in geringer Menge;

6.

17

erforderliche Formen der Zusammenarbeit mit den für die öffentliche Sicherheit und Ordnung zuständigen örtlichen Behörden, um Straftaten im unmittelbaren Umfeld der Drogenkonsumräume soweit wie möglich zu verhindern;

7.

genaue Festlegung des Kreises der berechtigten Benutzer von Drogenkonsumräumen, insbesondere im Hinblick auf deren Alter, die Art der mitgeführten Betäubungsmittel sowie die geduldeten Konsummuster; offenkundige Erst- oder Gelegenheitskonsumenten sind von der Benutzung auszuschließen;

8.

eine Dokumentation und Evaluation der Arbeit in den Drogenkonsumräumen;

9.

ständige Anwesenheit von persönlich zuverlässigem Personal in ausreichender Zahl, das für die Erfüllung der in den Nummern 1 bis 7 genannten Anforderungen fachlich ausgebildet ist;

10.

Benennung einer sachkundigen Person, die für die Einhaltung der in den Nummern 1 bis 9 genannten Anforderungen, der Auflagen der Erlaubnisbehörde sowie der Anordnungen der Überwachungsbehörde verantwortlich ist (Verantwortlicher) und die ihm obliegenden Verpflichtungen ständig erfüllen kann.

(3) Für das Erlaubnisverfahren gelten § 7 Satz 1 und 2 Nr. 1 bis 4 und 8, §§ 8, 9 Abs. 2 und § 10 entsprechend; dabei tritt an die Stelle des Bundesinstituts für Arzneimittel und Medizinprodukte jeweils die zuständige oberste Landesbehörde, an die Stelle der obersten Landesbehörde jeweils das Bundesinstitut für Arzneimittel und Medizinprodukte.

(4) Eine Erlaubnis nach Absatz 1 berechtigt das in einem Drogenkonsumraum tätige Personal nicht, eine Substanzanalyse der mitgeführten Betäubungsmittel

durchzuführen oder beim unmittelbaren Verbrauch der mitgeführten Betäubungsmittel aktive Hilfe zu leisten.

Dritter Abschnitt

Pflichten im Betäubungsmittelverkehr

-

§ 11 Einfuhr, Ausfuhr und Durchfuhr

(1) Wer Betäubungsmittel im Einzelfall einführen oder ausführen will, bedarf dazu neben der erforderlichen Erlaubnis nach § 3 einer Genehmigung des Bundesinstitutes für Arzneimittel und Medizinprodukte. Betäubungsmittel dürfen durch den Geltungsbereich dieses Gesetzes nur unter zollamtlicher Überwachung ohne weiteren als den durch die Beförderung oder den Umschlag bedingten Aufenthalt und ohne daß das Betäubungsmittel zu irgendeinem Zeitpunkt während des Verbringens dem Durchführenden oder einer dritten Person tatsächlich zur Verfügung steht, durchgeführt werden. Ausgenommene Zubereitungen dürfen nicht in Länder ausgeführt werden, die die Einfuhr verboten haben.

(2) Die Bundesregierung wird ermächtigt, durch Rechtsverordnung ohne Zustimmung des Bundesrates das Verfahren über die Erteilung der Genehmigung zu regeln und Vorschriften über die Einfuhr, Ausfuhr und Durchfuhr zu erlassen, soweit es zur Sicherheit oder Kontrolle des Betäubungsmittelverkehrs, zur Durchführung der internationalen Suchtstoffübereinkommen oder von Rechtsakten der Organe der Europäischen Union erforderlich ist. Insbesondere können

1.

    die Einfuhr, Ausfuhr oder Durchfuhr auf bestimmte Betäubungsmittel und Mengen beschränkt sowie in oder durch bestimmte Länder oder aus bestimmten Ländern verboten,

2.

19

Ausnahmen von Absatz 1 für den Reiseverkehr und die Versendung von Proben im Rahmen der internationalen Zusammenarbeit zugelassen,

3.

Regelungen über das Mitführen von Betäubungsmitteln durch Ärzte, Zahnärzte und Tierärzte im Rahmen des grenzüberschreitenden Dienstleistungsverkehrs getroffen und

4.

Form, Inhalt, Anfertigung, Ausgabe und Aufbewahrung der zu verwendenden amtlichen Formblätter festgelegt

werden.

-

§ 12 Abgabe und Erwerb

(1) Betäubungsmittel dürfen nur abgegeben werden an

1.

Personen oder Personenvereinigungen, die im Besitz einer Erlaubnis nach § 3 zum Erwerb sind oder eine Apotheke oder tierärztliche Hausapotheke betreiben,

2.

die in § 4 Abs. 2 oder § 26 genannten Behörden oder Einrichtungen,

3. (weggefallen)

(2) Der Abgebende hat dem Bundesinstitut für Arzneimittel und Medizinprodukte außer in den Fällen des § 4 Abs. 1 Nr. 1 Buchstabe e unverzüglich jede einzelne Abgabe unter Angabe des Erwerbers und der Art und Menge des Betäubungsmittels zu melden. Der Erwerber hat dem Abgebenden den Empfang der Betäubungsmittel zu bestätigen.

(3) Die Absätze 1 und 2 gelten nicht bei

1.

Abgabe von in Anlage III bezeichneten Betäubungsmitteln

a)

auf Grund ärztlicher, zahnärztlicher oder tierärztlicher Verschreibung im Rahmen des Betriebes einer Apotheke,

b)

im Rahmen des Betriebes einer tierärztlichen Hausapotheke für ein vom Betreiber dieser Hausapotheke behandeltes Tier,

c)

durch den Arzt nach § 13 Absatz 1a Satz 1,

2.

der Ausfuhr von Betäubungsmitteln und

3.

Abgabe und Erwerb von Betäubungsmitteln zwischen den in § 4 Abs. 2 oder § 26 genannten Behörden oder Einrichtungen.

(4) Das Bundesministerium für Gesundheit wird ermächtigt, durch Rechtsverordnung ohne Zustimmung des Bundesrates das Verfahren der Meldung und der Empfangsbestätigung zu regeln. Es kann dabei insbesondere deren Form, Inhalt und Aufbewahrung sowie eine elektronische Übermittlung regeln.

-

§ 13 Verschreibung und Abgabe auf Verschreibung

(1) Die in Anlage III bezeichneten Betäubungsmittel dürfen nur von Ärzten, Zahnärzten und Tierärzten und nur dann verschrieben oder im Rahmen einer ärztlichen, zahnärztlichen oder tierärztlichen Behandlung einschließlich der ärztlichen Behandlung einer Betäubungsmittelabhängigkeit verabreicht oder einem anderen zum unmittelbaren Verbrauch oder nach Absatz 1a Satz 1 überlassen werden, wenn ihre Anwendung am oder im menschlichen oder tierischen Körper begründet ist. Die Anwendung ist insbesondere dann nicht begründet, wenn der beabsichtigte Zweck auf andere Weise erreicht werden kann. Die in Anlagen I und II bezeichneten Betäubungsmittel dürfen nicht verschrieben, verabreicht oder

einem anderen zum unmittelbaren Verbrauch oder nach Absatz 1a Satz 1 überlassen werden.

(1a) Zur Deckung des nicht aufschiebbaren Betäubungsmittelbedarfs eines ambulant versorgten Palliativpatienten darf der Arzt diesem die hierfür erforderlichen, in Anlage III bezeichneten Betäubungsmittel in Form von Fertigarzneimitteln nur dann überlassen, soweit und solange der Bedarf des Patienten durch eine Verschreibung nicht rechtzeitig gedeckt werden kann; die Höchstüberlassungsmenge darf den Dreitagesbedarf nicht überschreiten. Der Bedarf des Patienten kann durch eine Verschreibung nicht rechtzeitig gedeckt werden, wenn das erforderliche Betäubungsmittel

1.

bei einer dienstbereiten Apotheke innerhalb desselben Kreises oder derselben kreisfreien Stadt oder in einander benachbarten Kreisen oder kreisfreien Städten nicht vorrätig ist oder nicht rechtzeitig zur Abgabe bereitsteht oder

2.

obwohl es in einer Apotheke nach Nummer 1 vorrätig ist oder rechtzeitig zur Abgabe bereitstünde, von dem Patienten oder den Patienten versorgenden Personen nicht rechtzeitig beschafft werden kann, weil

a)

diese Personen den Patienten vor Ort versorgen müssen oder auf Grund ihrer eingeschränkten Leistungsfähigkeit nicht in der Lage sind, das Betäubungsmittel zu beschaffen, oder

b)

der Patient auf Grund der Art und des Ausmaßes seiner Erkrankung dazu nicht selbst in der Lage ist und keine Personen vorhanden sind, die den Patienten versorgen.

Der Arzt muss unter Hinweis darauf, dass eine Situation nach Satz 1 vorliegt, bei einer dienstbereiten Apotheke nach Satz 2 Nummer 1 vor Überlassung anfragen, ob das erforderliche Betäubungsmittel dort vorrätig ist oder bis wann es zur

Abgabe bereitsteht. Über das Vorliegen der Voraussetzungen nach den Sätzen 1 und 2 und die Anfrage nach Satz 3 muss der Arzt mindestens folgende Aufzeichnungen führen und diese drei Jahre, vom Überlassen der Betäubungsmittel an gerechnet, aufbewahren:

1.

    den Namen des Patienten sowie den Ort, das Datum und die Uhrzeit der Behandlung,

2.

    den Namen der Apotheke und des kontaktierten Apothekers oder der zu seiner Vertretung berechtigten Person,

3.

    die Bezeichnung des angefragten Betäubungsmittels,

4.

    die Angabe der Apotheke, ob das Betäubungsmittel zum Zeitpunkt der Anfrage vorrätig ist oder bis wann es zur Abgabe bereitsteht,

5.

    die Angaben über diejenigen Tatsachen, aus denen sich das Vorliegen der Voraussetzungen nach den Sätzen 1 und 2 ergibt.

Über die Anfrage eines nach Satz 1 behandelnden Arztes, ob ein bestimmtes Betäubungsmittel vorrätig ist oder bis wann es zur Abgabe bereitsteht, muss der Apotheker oder die zu seiner Vertretung berechtigte Person mindestens folgende Aufzeichnungen führen und diese drei Jahre, vom Tag der Anfrage an gerechnet, aufbewahren:

1.

    das Datum und die Uhrzeit der Anfrage,

2.

    den Namen des Arztes,

3.

    die Bezeichnung des angefragten Betäubungsmittels,

4.

23

die Angabe gegenüber dem Arzt, ob das Betäubungsmittel zum Zeitpunkt der Anfrage vorrätig ist oder bis wann es zur Abgabe bereitsteht. Im Falle des Überlassens nach Satz 1 hat der Arzt den ambulant versorgten Palliativpatienten oder zu dessen Pflege anwesende Dritte über die ordnungsgemäße Anwendung der überlassenen Betäubungsmittel aufzuklären und eine schriftliche Gebrauchsanweisung mit Angaben zur Einzel- und Tagesgabe auszuhändigen.

(2) Die nach Absatz 1 verschriebenen Betäubungsmittel dürfen nur im Rahmen des Betriebs einer Apotheke und gegen Vorlage der Verschreibung abgegeben werden. Diamorphin darf nur vom pharmazeutischen Unternehmer und nur an anerkannte Einrichtungen nach Absatz 3 Satz 2 Nummer 2a gegen Vorlage der Verschreibung abgegeben werden. Im Rahmen des Betriebs einer tierärztlichen Hausapotheke dürfen nur die in Anlage III bezeichneten Betäubungsmittel und nur zur Anwendung bei einem vom Betreiber der Hausapotheke behandelten Tier abgegeben werden.

(3) Die Bundesregierung wird ermächtigt, durch Rechtsverordnung mit Zustimmung des Bundesrates das Verschreiben von den in Anlage III bezeichneten Betäubungsmitteln, ihre Abgabe auf Grund einer Verschreibung und das Aufzeichnen ihres Verbleibs und des Bestandes bei Ärzten, Zahnärzten, Tierärzten, in Apotheken, tierärztlichen Hausapotheken, Krankenhäusern, Tierkliniken, Alten- und Pflegeheimen, Hospizen, Einrichtungen der spezialisierten ambulanten Palliativversorgung, Einrichtungen der Rettungsdienste, Einrichtungen, in denen eine Behandlung mit dem Substitutionsmittel Diamorphin stattfindet, und auf Kauffahrteischiffen zu regeln, soweit es zur Sicherheit oder Kontrolle des Betäubungsmittelverkehrs erforderlich ist. Insbesondere können

1.

das Verschreiben auf bestimmte Zubereitungen, Bestimmungszwecke oder Mengen beschränkt,

2.

das Verschreiben von Substitutionsmitteln für Drogenabhängige von der Erfüllung von Mindestanforderungen an die Qualifikation der verschreibenden

Ärzte abhängig gemacht und die Festlegung der Mindestanforderungen den Ärztekammern übertragen,

2a.

das Verschreiben von Diamorphin nur in Einrichtungen, denen eine Erlaubnis von der zuständigen Landesbehörde erteilt wurde, zugelassen,

2b.

die Mindestanforderungen an die Ausstattung der Einrichtungen, in denen die Behandlung mit dem Substitutionsmittel Diamorphin stattfindet, festgelegt,

3.

Meldungen

a)

der verschreibenden Ärzte an das Bundesinstitut für Arzneimittel und Medizinprodukte über das Verschreiben eines Substitutionsmittels für einen Patienten in anonymisierter Form,

b)

der Ärztekammern an das Bundesinstitut für Arzneimittel und Medizinprodukte über die Ärzte, die die Mindestanforderungen nach Nummer 2 erfüllen und

Mitteilungen

c)

des Bundesinstituts für Arzneimittel und Medizinprodukte an die zuständigen Überwachungsbehörden und an die verschreibenden Ärzte über die Patienten, denen bereits ein anderer Arzt ein Substitutionsmittel verschrieben hat, in anonymisierter Form,

d)

des Bundesinstituts für Arzneimittel und Medizinprodukte an die zuständigen Überwachungsbehörden der Länder über die Ärzte, die die Mindestanforderungen nach Nummer 2 erfüllen,

e)

des Bundesinstituts für Arzneimittel und Medizinprodukte an die obersten Landesgesundheitsbehörden über die Anzahl der Patienten, denen ein Substitutionsmittel verschrieben wurde, die Anzahl der Ärzte, die zum Verschreiben eines Substitutionsmittels berechtigt sind, die Anzahl der Ärzte, die ein Substitutionsmittel verschrieben haben, die verschriebenen Substitutionsmittel und die Art der Verschreibung sowie Art der Anonymisierung, Form und Inhalt der Meldungen und Mitteilungen vorgeschrieben,

4.

Form, Inhalt, Anfertigung, Ausgabe, Aufbewahrung und Rückgabe des zu verwendenden amtlichen Formblattes für die Verschreibung sowie der Aufzeichnungen über den Verbleib und den Bestand festgelegt und

5.

Ausnahmen von § 4 Abs. 1 Nr. 1 Buchstabe c für die Ausrüstung von Kauffahrteischiffen erlassen werden.

Für das Verfahren zur Erteilung einer Erlaubnis nach Satz 2 Nummer 2a gelten § 7 Satz 2 Nummer 1 bis 4, § 8 Absatz 1 Satz 1, Absatz 2 und 3 Satz 1 bis 3, § 9 Absatz 2 und § 10 entsprechend. Dabei tritt an die Stelle des Bundesinstitutes für Arzneimittel und Medizinprodukte jeweils die zuständige Landesbehörde, an die Stelle der zuständigen obersten Landesbehörde jeweils das Bundesinstitut für Arzneimittel und Medizinprodukte. Die Empfänger nach Satz 2 Nr. 3 dürfen die übermittelten Daten nicht für einen anderen als den in Satz 1 genannten Zweck verwenden. Das Bundesinstitut für Arzneimittel und Medizinprodukte handelt bei der Wahrnehmung der ihm durch Rechtsverordnung nach Satz 2 zugewiesenen Aufgaben als vom Bund entliehenes Organ des jeweils zuständigen Landes; Einzelheiten einschließlich der Kostenerstattung an den Bund werden durch Vereinbarung geregelt.

-

§ 14 Kennzeichnung und Werbung

(1) Im Betäubungsmittelverkehr sind die Betäubungsmittel unter Verwendung der in den Anlagen aufgeführten Kurzbezeichnungen zu kennzeichnen. Die Kennzeichnung hat in deutlich lesbarer Schrift, in deutscher Sprache und auf dauerhafte Weise zu erfolgen.

(2) Die Kennzeichnung muß außerdem enthalten

1.

bei rohen, ungereinigten und nicht abgeteilten Betäubungsmitteln den Gewichtsvomhundertsatz und bei abgeteilten Betäubungsmitteln das Gewicht des enthaltenen reinen Stoffes,

2.

auf Betäubungsmittelbehältnissen und - soweit verwendet - auf den äußeren Umhüllungen bei Stoffen und nicht abgeteilten Zubereitungen die enthaltene Gewichtsmenge, bei abgeteilten Zubereitungen die enthaltene Stückzahl; dies gilt nicht für Vorratsbehältnisse in wissenschaftlichen Laboratorien sowie für zur Abgabe bestimmte kleine Behältnisse und Ampullen.

(3) Die Absätze 1 und 2 gelten nicht für Vorratsbehältnisse in Apotheken und tierärztlichen Hausapotheken.

(4) Die Absätze 1 und 2 gelten sinngemäß auch für die Bezeichnung von Betäubungsmitteln, in Katalogen, Preislisten, Werbeanzeigen oder ähnlichen Druckerzeugnissen, die für die am Betäubungsmittelverkehr beteiligten Fachkreise bestimmt sind.

(5) Für in Anlage I bezeichnete Betäubungsmittel darf nicht geworben werden. Für in den Anlagen II und III bezeichnete Betäubungsmittel darf nur in Fachkreisen der Industrie und des Handels sowie bei Personen und Personenvereinigungen, die eine Apotheke oder eine tierärztliche Hausapotheke betreiben, geworben werden, für in Anlage III bezeichnete Betäubungsmittel auch bei Ärzten, Zahnärzten und Tierärzten.

-

§ 15 Sicherungsmaßnahmen

Wer am Betäubungsmittelverkehr teilnimmt, hat die Betäubungsmittel, die sich in seinem Besitz befinden, gesondert aufzubewahren und gegen unbefugte Entnahme zu sichern. Das Bundesinstitut für Arzneimittel und Medizinprodukte kann Sicherungsmaßnahmen anordnen, soweit es nach Art oder Umfang des Betäubungsmittelverkehrs, dem Gefährdungsgrad oder der Menge der Betäubungsmittel erforderlich ist.

-

§ 16 Vernichtung

(1) Der Eigentümer von nicht mehr verkehrsfähigen Betäubungsmitteln hat diese auf seine Kosten in Gegenwart von zwei Zeugen in einer Weise zu vernichten, die eine auch nur teilweise Wiedergewinnung der Betäubungsmittel ausschließt sowie den Schutz von Mensch und Umwelt vor schädlichen Einwirkungen sicherstellt. Über die Vernichtung ist eine Niederschrift zu fertigen und diese drei Jahre aufzubewahren.

(2) Das Bundesinstitut für Arzneimittel und Medizinprodukte, in den Fällen des § 19 Abs. 1 Satz 3 die zuständige Behörde des Landes, kann den Eigentümer auffordern, die Betäubungsmittel auf seine Kosten an diese Behörden zur Vernichtung einzusenden. Ist ein Eigentümer der Betäubungsmittel nicht vorhanden oder nicht zu ermitteln, oder kommt der Eigentümer seiner Verpflichtung zur Vernichtung oder der Aufforderung zur Einsendung der Betäubungsmittel gemäß Satz 1 nicht innerhalb einer zuvor gesetzten Frist von drei Monaten nach, so treffen die in Satz 1 genannten Behörden die zur Vernichtung erforderlichen Maßnahmen. Der Eigentümer oder Besitzer der Betäubungsmittel ist verpflichtet, die Betäubungsmittel den mit der Vernichtung beauftragten Personen herauszugeben oder die Wegnahme zu dulden.

(3) Absatz 1 und Absatz 2 Satz 1 und 3 gelten entsprechend, wenn der Eigentümer nicht mehr benötigte Betäubungsmittel beseitigen will.

§ 17 Aufzeichnungen

(1) Der Inhaber einer Erlaubnis nach § 3 ist verpflichtet, getrennt für jede Betriebsstätte und jedes Betäubungsmittel fortlaufend folgende Aufzeichnungen über jeden Zugang und jeden Abgang zu führen:

1.

    das Datum,

2.

    den Namen oder die Firma und die Anschrift des Lieferers oder des Empfängers oder die sonstige Herkunft oder den sonstigen Verbleib,

3.

    die zugegangene oder abgegangene Menge und den sich daraus ergebenden Bestand,

4.

    im Falle des Anbaues zusätzlich die Anbaufläche nach Lage und Größe sowie das Datum der Aussaat,

5.

    im Falle des Herstellens zusätzlich die Angabe der eingesetzten oder hergestellten Betäubungsmittel, der nicht dem Gesetz unterliegenden Stoffe oder der ausgenommenen Zubereitungen nach Art und Menge und

6.

    im Falle der Abgabe ausgenommener Zubereitungen durch deren Hersteller zusätzlich den Namen oder die Firma und die Anschrift des Empfängers.

Anstelle der in Nummer 6 bezeichneten Aufzeichnungen können die Durchschriften der Ausgangsrechnungen, in denen die ausgenommenen Zubereitungen kenntlich gemacht sind, fortlaufend nach dem Rechnungsdatum abgeheftet werden.

(2) Die in den Aufzeichnungen oder Rechnungen anzugebenden Mengen sind

1.

2.   bei Stoffen und nicht abgeteilten Zubereitungen die Gewichtsmenge und

bei abgeteilten Zubereitungen die Stückzahl.

(3) Die Aufzeichnungen oder Rechnungsdurchschriften sind drei Jahre, von der letzten Aufzeichnung oder vom letzten Rechnungsdatum an gerechnet, gesondert aufzubewahren.

-

§ 18 Meldungen

(1) Der Inhaber einer Erlaubnis nach § 3 ist verpflichtet, dem Bundesinstitut für Arzneimittel und Medizinprodukte getrennt für jede Betriebsstätte und für jedes Betäubungsmittel die jeweilige Menge zu melden, die

1.   beim Anbau gewonnen wurde, unter Angabe der Anbaufläche nach Lage und Größe,

2.   hergestellt wurde, aufgeschlüsselt nach Ausgangsstoffen,

3.   zur Herstellung anderer Betäubungsmittel verwendet wurde, aufgeschlüsselt nach diesen Betäubungsmitteln,

4.   zur Herstellung von nicht unter dieses Gesetz fallenden Stoffen verwendet wurde, aufgeschlüsselt nach diesen Stoffen,

5.   zur Herstellung ausgenommener Zubereitungen verwendet wurde, aufgeschlüsselt nach diesen Zubereitungen,

6.   eingeführt wurde, aufgeschlüsselt nach Ausfuhrländern,

7.

ausgeführt wurde, aufgeschlüsselt nach Einfuhrländern,

8.

erworben wurde,

9.

abgegeben wurde,

10.

vernichtet wurde,

11.

zu anderen als den nach den Nummern 1 bis 10 angegebenen Zwecken verwendet wurde, aufgeschlüsselt nach den jeweiligen Verwendungszwecken und

12.

am Ende des jeweiligen Kalenderhalbjahres als Bestand vorhanden war.

(2) Die in den Meldungen anzugebenden Mengen sind

1.

bei Stoffen und nicht abgeteilten Zubereitungen die Gewichtsmenge und

2.

bei abgeteilten Zubereitungen die Stückzahl.

(3) Die Meldungen nach Absatz 1 Nr. 2 bis 12 sind dem Bundesinstitut für Arzneimittel und Medizinprodukte jeweils bis zum 31. Januar und 31. Juli für das vergangene Kalenderhalbjahr und die Meldung nach Absatz 1 Nr. 1 bis zum 31. Januar für das vergangene Kalenderjahr einzusenden.

(4) Für die in Absatz 1 bezeichneten Meldungen sind die vom Bundesinstitut für Arzneimittel und Medizinprodukte herausgegebenen amtlichen Formblätter zu verwenden.

Vierter Abschnitt
Überwachung

-

31

§ 19 Durchführende Behörde

(1) Der Betäubungsmittelverkehr sowie die Herstellung ausgenommener Zubereitungen unterliegt der Überwachung durch das Bundesinstitut für Arzneimittel und Medizinprodukte. Diese Stelle ist auch zuständig für die Anfertigung, Ausgabe und Auswertung der zur Verschreibung von Betäubungsmitteln vorgeschriebenen amtlichen Formblätter. Der Betäubungsmittelverkehr bei Ärzten, Zahnärzten und Tierärzten, pharmazeutischen Unternehmern im Falle der Abgabe von Diamorphin und in Apotheken sowie im Falle von § 4 Absatz 1 Nummer 1 Buchstabe f zwischen Apotheken, tierärztlichen Hausapotheken, Krankenhäusern und Tierkliniken unterliegt der Überwachung durch die zuständigen Behörden der Länder. Diese überwachen auch die Einhaltung der in § 10a Abs. 2 aufgeführten Mindeststandards; den mit der Überwachung beauftragten Personen stehen die in den §§ 22 und 24 geregelten Befugnisse zu.

(2) Das Bundesinstitut für Arzneimittel und Medizinprodukte ist zugleich die besondere Verwaltungsdienststelle im Sinne der internationalen Suchtstoffübereinkommen.

(2a) Der Anbau von Cannabis zu medizinischen Zwecken unterliegt der Kontrolle des Bundesinstituts für Arzneimittel und Medizinprodukte. Dieses nimmt die Aufgaben einer staatlichen Stelle nach Artikel 23 Absatz 2 Buchstabe d und Artikel 28 Absatz 1 des Einheits-Übereinkommens von 1961 über Suchtstoffe vom 30. März 1961 (BGBl. 1973 II S. 1354) wahr. Der Kauf von Cannabis zu medizinischen Zwecken durch das Bundesinstitut für Arzneimittel und Medizinprodukte nach Artikel 23 Absatz 2 Buchstabe d Satz 2 und Artikel 28 Absatz 1 des Einheits-Übereinkommens von 1961 über Suchtstoffe erfolgt nach den Vorschriften des Vergaberechts. Das Bundesinstitut für Arzneimittel und Medizinprodukte legt unter Berücksichtigung der für die Erfüllung der Aufgaben nach Satz 2 entstehenden Kosten seinen Herstellerabgabepreis für den Verkauf von Cannabis zu medizinischen Zwecken fest.

(3) Der Anbau von Nutzhanf im Sinne des Buchstabens d der Ausnahmeregelung zu Cannabis (Marihuana) in Anlage I unterliegt der Überwachung durch die Bundesanstalt für Landwirtschaft und Ernährung. Artikel 45 Absatz 4 Unterabsatz 1 und der Anhang der Durchführungsverordnung (EU) Nr. 809/2014 der Kommission vom 17. Juli 2014 mit Durchführungsbestimmungen zur Verordnung (EU) Nr. 1306/2013 des Europäischen Parlaments und des Rates hinsichtlich des integrierten Verwaltungs- und Kontrollsystems, der Maßnahmen zur Entwicklung des ländlichen Raums und der Cross-Compliance (ABl. L 227 vom 31.7.2014, S. 69) in der jeweils geltenden Fassung gelten entsprechend. Im Übrigen gelten die Vorschriften des Integrierten Verwaltungs- und Kontrollsystems über den Anbau von Hanf entsprechend. Die Bundesanstalt für Landwirtschaft und Ernährung darf die ihr nach den Vorschriften des Integrierten Verwaltungs- und Kontrollsystems über den Anbau von Hanf von den zuständigen Landesstellen übermittelten Daten sowie die Ergebnisse von im Rahmen der Regelungen über die Basisprämie durchgeführten THC-Kontrollen zum Zweck der Überwachung nach diesem Gesetz verwenden.

-

§ 20 Besondere Ermächtigung für den Spannungs- oder Verteidigungsfall

(1) Die Bundesregierung wird ermächtigt, durch Rechtsverordnung ohne Zustimmung des Bundesrates dieses Gesetz oder die auf Grund dieses Gesetzes erlassenen Rechtsverordnungen für Verteidigungszwecke zu ändern, um die medizinische Versorgung der Bevölkerung mit Betäubungsmitteln sicherzustellen, wenn die Sicherheit und Kontrolle des Betäubungsmittelverkehrs oder der Herstellung ausgenommener Zubereitungen gewährleistet bleiben. Insbesondere können

1.

33

Aufgaben des Bundesinstitutes für Arzneimittel und Medizinprodukte nach diesem Gesetz und auf Grund dieses Gesetzes erlassenen Rechtsverordnungen auf das Bundesministerium übertragen,

2.

der Betäubungsmittelverkehr und die Herstellung ausgenommener Zubereitungen an die in Satz 1 bezeichneten besonderen Anforderungen angepaßt und

3.

Meldungen über Bestände an

a)

Betäubungsmitteln,

b)

ausgenommenen Zubereitungen und

c)

zur Herstellung von Betäubungsmitteln erforderlichen Ausgangsstoffen oder Zubereitungen, auch wenn diese keine Betäubungsmittel sind,

angeordnet werden. In der Rechtsverordnung kann ferner der über die in Satz 2 Nr. 3 bezeichneten Bestände Verfügungsberechtigte zu deren Abgabe an bestimmte Personen oder Stellen verpflichtet werden.

(2) Die Rechtsverordnung nach Absatz 1 darf nur nach Maßgabe des Artikels 80a Abs. 1 des Grundgesetzes angewandt werden.

(3) (weggefallen)

-

§ 21 Mitwirkung anderer Behörden

(1) Das Bundesministerium der Finanzen und die von ihm bestimmten Zollstellen wirken bei der Überwachung der Einfuhr, Ausfuhr und Durchfuhr von Betäubungsmitteln mit.

(2) Das Bundesministerium der Finanzen kann im Einvernehmen mit dem Bundesministerium des Innern die Beamten der Bundespolizei, die mit Aufgaben

des Grenzschutzes nach § 2 des Bundespolizeigesetzes betraut sind, und im Einvernehmen mit dem Bayerischen Staatsminister des Innern die Beamten der Bayerischen Grenzpolizei mit der Wahrnehmung von Aufgaben betrauen, die den Zolldienststellen nach Absatz 1 obliegen. Nehmen die im Satz 1 bezeichneten Beamten diese Aufgaben wahr, gilt § 67 Abs. 2 des Bundespolizeigesetzes entsprechend.

(3) Bei Verdacht von Verstößen gegen Verbote und Beschränkungen dieses Gesetzes, die sich bei der Abfertigung ergeben, unterrichten die mitwirkenden Behörden das Bundesinstitut für Arzneimittel und Medizinprodukte unverzüglich.

-

§ 22 Überwachungsmaßnahmen

(1) Die mit der Überwachung beauftragten Personen sind befugt,

1.

Unterlagen über den Betäubungsmittelverkehr oder die Herstellung oder das der Herstellung folgende Inverkehrbringen ausgenommener Zubereitungen einzusehen und hieraus Abschriften oder Ablichtungen anzufertigen, soweit sie für die Sicherheit oder Kontrolle des Betäubungsmittelverkehrs oder der Herstellung ausgenommener Zubereitungen von Bedeutung sein können,

2.

von natürlichen und juristischen Personen und nicht rechtsfähigen Personenvereinigungen alle erforderlichen Auskünfte zu verlangen,

3.

Grundstücke, Gebäude, Gebäudeteile, Einrichtungen und Beförderungsmittel, in denen der Betäubungsmittelverkehr oder die Herstellung ausgenommener Zubereitungen durchgeführt wird, zu betreten und zu besichtigen, wobei sich die beauftragten Personen davon zu überzeugen haben, daß die Vorschriften über den Betäubungsmittelverkehr oder die Herstellung ausgenommener Zubereitungen beachtet werden. Zur Verhütung dringender Gefahren für die öffentliche Sicherheit und Ordnung, insbesondere wenn eine Vereitelung der Kontrolle des Betäubungsmittelverkehrs oder der Herstellung ausgenommener Zubereitungen zu besorgen ist, dürfen diese Räumlichkeiten auch außerhalb der Betriebs- und Geschäftszeit sowie Wohnzwecken dienende Räume betreten werden; insoweit wird das Grundrecht auf Unverletzlichkeit der Wohnung (Artikel 13 des Grundgesetzes) eingeschränkt. Soweit es sich um industrielle Herstellungsbetriebe und Großhandelsbetriebe handelt, sind die Besichtigungen in der Regel alle zwei Jahre durchzuführen,

4.

vorläufige Anordnungen zu treffen, soweit es zur Verhütung dringender Gefahren für die Sicherheit oder Kontrolle des Betäubungsmittelverkehrs oder der Herstellung ausgenommener Zubereitungen geboten ist. Zum gleichen Zweck dürfen sie auch die weitere Teilnahme am Betäubungsmittelverkehr oder die weitere Herstellung ausgenommener Zubereitungen ganz oder teilweise untersagen und die Betäubungsmittelbestände oder die Bestände ausgenommener Zubereitungen unter amtlichen Verschluß nehmen. Die zuständige Behörde (§ 19 Abs. 1) hat innerhalb von einem Monat nach Erlaß der vorläufigen Anordnungen über diese endgültig zu entscheiden.

(2) Die zuständige Behörde kann Maßnahmen gemäß Absatz 1 Nr. 1 und 2 auch auf schriftlichem Wege anordnen.

-

§ 23 Probenahme

(1) Soweit es zur Durchführung der Vorschriften über den Betäubungsmittelverkehr oder die Herstellung ausgenommener Zubereitungen erforderlich ist, sind die mit der Überwachung beauftragten Personen befugt, gegen Empfangsbescheinigung Proben nach ihrer Auswahl zum Zwecke der Untersuchung zu fordern oder zu entnehmen. Soweit nicht ausdrücklich darauf verzichtet wird, ist ein Teil der Probe

oder, sofern die Probe nicht oder ohne Gefährdung des Untersuchungszwecks nicht in Teile von gleicher Qualität teilbar ist, ein zweites Stück der gleichen Art wie das als Probe entnommene zurückzulassen.

(2) Zurückzulassende Proben sind amtlich zu verschließen oder zu versiegeln. Sie sind mit dem Datum der Probenahme und dem Datum des Tages zu versehen, nach dessen Ablauf der Verschluß oder die Versiegelung als aufgehoben gelten.

(3) Für entnommene Proben ist eine angemessene Entschädigung zu leisten, soweit nicht ausdrücklich darauf verzichtet wird.

-

§ 24 Duldungs- und Mitwirkungspflicht

(1) Jeder Teilnehmer am Betäubungsmittelverkehr oder jeder Hersteller ausgenommener Zubereitungen ist verpflichtet, die Maßnahmen nach den §§ 22 und 23 zu dulden und die mit der Überwachung beauftragten Personen bei der Erfüllung ihrer Aufgaben zu unterstützen, insbesondere ihnen auf Verlangen die Stellen zu bezeichnen, in denen der Betäubungsmittelverkehr oder die Herstellung ausgenommener Zubereitungen stattfindet, umfriedete Grundstücke, Gebäude, Räume, Behälter und Behältnisse zu öffnen, Auskünfte zu erteilen sowie Einsicht in Unterlagen und die Entnahme der Proben zu ermöglichen.

(2) Der zur Auskunft Verpflichtete kann die Auskunft auf solche Fragen verweigern, deren Beantwortung ihn selbst oder einen seiner in § 383 Abs. 1 Nr. 1 bis 3 der Zivilprozeßordnung bezeichneten Angehörigen der Gefahr strafgerichtlicher Verfolgung oder eines Verfahrens nach dem Gesetz über Ordnungswidrigkeiten aussetzen würde.

-

§ 24a Anzeige des Anbaus von Nutzhanf

Der Anbau von Nutzhanf im Sinne des Buchstabens d der Ausnahmeregelung zu Cannabis (Marihuana) in Anlage I ist bis zum 1. Juli des Anbaujahres in dreifacher

Ausfertigung der Bundesanstalt für Landwirtschaft und Ernährung zur Erfüllung ihrer Aufgaben nach § 19 Abs. 3 anzuzeigen. Für die Anzeige ist das von der Bundesanstalt für Landwirtschaft und Ernährung herausgegebene amtliche Formblatt zu verwenden. Die Anzeige muß enthalten:

1.

   den Namen, den Vornamen und die Anschrift des Landwirtes, bei juristischen Personen den Namen des Unternehmens der Landwirtschaft sowie des gesetzlichen Vertreters,

2.

   die dem Unternehmen der Landwirtschaft von der zuständigen Berufsgenossenschaft zugeteilte Mitglieds-/Katasternummer,

3.

   die Sorte unter Beifügung der amtlichen Etiketten, soweit diese nicht im Rahmen der Regelungen über die Basisprämie der zuständigen Landesbehörde vorgelegt worden sind,

4.

   die Aussaatfläche in Hektar und Ar unter Angabe der Flächenidentifikationsnummer; ist diese nicht vorhanden, können die Katasternummer oder sonstige die Aussaatfläche kennzeichnende Angaben, die von der Bundesanstalt für Landwirtschaft und Ernährung anerkannt worden sind, wie zum Beispiel Gemarkung, Flur und Flurstück, angegeben werden.

Erfolgt die Aussaat von Nutzhanf nach dem 1. Juli des Anbaujahres, sind die amtlichen Etiketten nach Satz 3 Nummer 3 bis zum 1. September des Anbaujahres vorzulegen. Die Bundesanstalt für Landwirtschaft und Ernährung übersendet eine von ihr abgezeichnete Ausfertigung der Anzeige unverzüglich dem Antragsteller. Sie hat ferner eine Ausfertigung der Anzeige den zuständigen Polizeibehörden und Staatsanwaltschaften auf deren Ersuchen zu übersenden, wenn dies zur Verfolgung von Straftaten nach diesem Gesetz erforderlich ist. Liegen der Bundesanstalt für Landwirtschaft und Ernährung Anhaltspunkte vor, daß der Anbau von Nutzhanf nicht den Voraussetzungen des Buchstabens d der Ausnahmeregelung zu Cannabis (Marihuana) in Anlage I entspricht, teilt sie dies der örtlich zuständigen Staatsanwaltschaft mit.

-

§ 25 Gebühren und Auslagen

(1) Das Bundesinstitut für Arzneimittel und Medizinprodukte erhebt für seine individuell zurechenbaren öffentlichen Leistungen nach diesem Gesetz und den auf Grund dieses Gesetzes erlassenen Rechtsverordnungen Gebühren und Auslagen.

(2) Das Bundesministerium wird ermächtigt, durch Rechtsverordnung ohne Zustimmung des Bundesrates die gebührenpflichtigen Tatbestände näher zu bestimmen und dabei feste Sätze oder Rahmensätze vorzusehen.

Fünfter Abschnitt
Vorschriften für Behörden

-

§ 26 Bundeswehr, Bundespolizei, Bereitschaftspolizei und Zivilschutz

(1) Dieses Gesetz findet mit Ausnahme der Vorschriften über die Erlaubnis nach § 3 auf Einrichtungen, die der Betäubungsmittelversorgung der Bundeswehr und der Bundespolizei dienen, sowie auf die Bevorratung mit in Anlage II oder III bezeichneten Betäubungsmitteln für den Zivilschutz entsprechende Anwendung.

(2) In den Bereichen der Bundeswehr und der Bundespolizei obliegt der Vollzug dieses Gesetzes und die Überwachung des Betäubungsmittelverkehrs den jeweils zuständigen Stellen und Sachverständigen der Bundeswehr und der Bundespolizei. Im Bereich des Zivilschutzes obliegt der Vollzug dieses Gesetzes den für die Sanitätsmaterialbevorratung zuständigen Bundes- und Landesbehörden.

(3) Das Bundesministerium der Verteidigung kann für seinen Geschäftsbereich im Einvernehmen mit dem Bundesministerium in Einzelfällen Ausnahmen von diesem Gesetz und den auf Grund dieses Gesetzes erlassenen Rechtsverordnungen zulassen, soweit die internationalen Suchtstoffübereinkommen dem nicht entgegenstehen und dies zwingende Gründe der Verteidigung erfordern.

(4) Dieses Gesetz findet mit Ausnahme der Vorschriften über die Erlaubnis nach § 3 auf Einrichtungen, die der Betäubungsmittelversorgung der Bereitschaftspolizeien der Länder dienen, entsprechende Anwendung.

(5) (weggefallen)

-

§ 27 Meldungen und Auskünfte

(1) Das Bundeskriminalamt meldet dem Bundesinstitut für Arzneimittel und Medizinprodukte jährlich bis zum 31. März für das vergangene Kalenderjahr die ihm bekanntgewordenen Sicherstellungen von Betäubungsmitteln nach Art und Menge sowie gegebenenfalls die weitere Verwendung der Betäubungsmittel. Im Falle der Verwertung sind der Name oder die Firma und die Anschrift des Erwerbers anzugeben.

(2) Die in § 26 bezeichneten Behörden haben dem Bundesinstitut für Arzneimittel und Medizinprodukte auf Verlangen über den Verkehr mit Betäubungsmitteln in ihren Bereichen Auskunft zu geben, soweit es zur Durchführung der internationalen Suchtstoffübereinkommen erforderlich ist.

(3) In Strafverfahren, die Straftaten nach diesem Gesetz zum Gegenstand haben, sind zu übermitteln

1.

zur Überwachung und Kontrolle des Verkehrs mit Betäubungsmitteln bei den in § 19 Abs. 1 Satz 3 genannten Personen und Einrichtungen der zuständigen Landesbehörde die rechtskräftige Entscheidung mit Begründung, wenn auf eine Strafe oder eine Maßregel der Besserung und

Sicherung erkannt oder der Angeklagte wegen Schuldunfähigkeit freigesprochen worden ist,

2.

zur Wahrnehmung der in § 19 Abs. 1 Satz 2 genannten Aufgaben dem Bundesinstitut für Arzneimittel und Medizinprodukte im Falle der Erhebung der öffentlichen Klage gegen Ärzte, Zahnärzte und Tierärzte

a)

die Anklageschrift oder eine an ihre Stelle tretende Antragsschrift,

b)

der Antrag auf Erlaß eines Strafbefehls und

c)

die das Verfahren abschließende Entscheidung mit Begründung; ist mit dieser Entscheidung ein Rechtsmittel verworfen worden oder wird darin auf die angefochtene Entscheidung Bezug genommen, so ist auch diese zu übermitteln.

Die Übermittlung veranlaßt die Strafvollstreckungs- oder die Strafverfolgungsbehörde.

(4) Die das Verfahren abschließende Entscheidung mit Begründung in sonstigen Strafsachen darf der zuständigen Landesbehörde übermittelt werden, wenn ein Zusammenhang der Straftat mit dem Betäubungsmittelverkehr besteht und die Kenntnis der Entscheidung aus der Sicht der übermittelnden Stelle für die Überwachung des Betäubungsmittelverkehrs erforderlich ist; Absatz 3 Satz 1 Nr. 2 Buchstabe c zweiter Halbsatz gilt entsprechend.

-

§ 28 Jahresbericht an die Vereinten Nationen

(1) Die Bundesregierung erstattet jährlich bis zum 30. Juni für das vergangene Kalenderjahr dem Generalsekretär der Vereinten Nationen einen Jahresbericht über die Durchführung der internationalen Suchtstoffübereinkommen nach einem von der Suchtstoffkommission der Vereinten Nationen beschlossenen Formblatt.

41

Die zuständigen Behörden der Länder wirken bei der Erstellung des Berichtes mit und reichen ihre Beiträge bis zum 31. März für das vergangene Kalenderjahr dem Bundesinstitut für Arzneimittel und Medizinprodukte ein. Soweit die im Formblatt geforderten Angaben nicht ermittelt werden können, sind sie zu schätzen. (2) Die Bundesregierung wird ermächtigt, durch Rechtsverordnung mit Zustimmung des Bundesrates zu bestimmen, welche Personen und welche Stellen Meldungen, nämlich statistische Aufstellungen, sonstige Angaben und Auskünfte, zu erstatten haben, die zur Durchführung der internationalen Suchtstoffübereinkommen erforderlich sind. In der Verordnung können Bestimmungen über die Art und Weise, die Form, den Zeitpunkt und den Empfänger der Meldungen getroffen werden.

Sechster Abschnitt

Straftaten und Ordnungswidrigkeiten

-

§ 29 Straftaten

(1) Mit Freiheitsstrafe bis zu fünf Jahren oder mit Geldstrafe wird bestraft, wer

1.

Betäubungsmittel unerlaubt anbaut, herstellt, mit ihnen Handel treibt, sie, ohne Handel zu treiben, einführt, ausführt, veräußert, abgibt, sonst in den Verkehr bringt, erwirbt oder sich in sonstiger Weise verschafft,

2.

eine ausgenommene Zubereitung (§ 2 Abs. 1 Nr. 3) ohne Erlaubnis nach § 3 Abs. 1 Nr. 2 herstellt,

3.

Betäubungsmittel besitzt, ohne zugleich im Besitz einer schriftlichen Erlaubnis für den Erwerb zu sein,

4.

(weggefallen)

5.

entgegen § 11 Abs. 1 Satz 2 Betäubungsmittel durchführt,

6.

entgegen § 13 Abs. 1 Betäubungsmittel

a)

verschreibt,

b)

verabreicht oder zum unmittelbaren Verbrauch überläßt,

6a.

entgegen § 13 Absatz 1a Satz 1 und 2 ein dort genanntes Betäubungsmittel überlässt,

7.

entgegen § 13 Absatz 2

a)

Betäubungsmittel in einer Apotheke oder tierärztlichen Hausapotheke,

b)

Diamorphin als pharmazeutischer Unternehmer

abgibt,

8.

entgegen § 14 Abs. 5 für Betäubungsmittel wirbt,

9.

unrichtige oder unvollständige Angaben macht, um für sich oder einen anderen oder für ein Tier die Verschreibung eines Betäubungsmittels zu erlangen,

10.

einem anderen eine Gelegenheit zum unbefugten Erwerb oder zur unbefugten Abgabe von Betäubungsmitteln verschafft oder gewährt, eine solche Gelegenheit öffentlich oder eigennützig mitteilt oder einen anderen zum unbefugten Verbrauch von Betäubungsmitteln verleitet,

43

11.

ohne Erlaubnis nach § 10a einem anderen eine Gelegenheit zum unbefugten Verbrauch von Betäubungsmitteln verschafft oder gewährt, oder wer eine außerhalb einer Einrichtung nach § 10a bestehende Gelegenheit zu einem solchen Verbrauch eigennützig oder öffentlich mitteilt,

12.

öffentlich, in einer Versammlung oder durch Verbreiten von Schriften (§ 11 Abs. 3 des Strafgesetzbuches) dazu auffordert, Betäubungsmittel zu verbrauchen, die nicht zulässigerweise verschrieben worden sind,

13.

Geldmittel oder andere Vermögensgegenstände einem anderen für eine rechtswidrige Tat nach Nummern 1, 5, 6, 7, 10, 11 oder 12 bereitstellt,

14.

einer Rechtsverordnung nach § 11 Abs. 2 Satz 2 Nr. 1 oder § 13 Abs. 3 Satz 2 Nr. 1, 2a oder 5 zuwiderhandelt, soweit sie für einen bestimmten Tatbestand auf diese Strafvorschrift verweist.

Die Abgabe von sterilen Einmalspritzen an Betäubungsmittelabhängige und die öffentliche Information darüber sind kein Verschaffen und kein öffentliches Mitteilen einer Gelegenheit zum Verbrauch nach Satz 1 Nr. 11.

(2) In den Fällen des Absatzes 1 Satz 1 Nr. 1, 2, 5 oder 6 Buchstabe b ist der Versuch strafbar.

(3) In besonders schweren Fällen ist die Strafe Freiheitsstrafe nicht unter einem Jahr. Ein besonders schwerer Fall liegt in der Regel vor, wenn der Täter

1.

in den Fällen des Absatzes 1 Satz 1 Nr. 1, 5, 6, 10, 11 oder 13 gewerbsmäßig handelt,

2.

durch eine der in Absatz 1 Satz 1 Nr. 1, 6 oder 7 bezeichneten Handlungen die Gesundheit mehrerer Menschen gefährdet.

44

(4) Handelt der Täter in den Fällen des Absatzes 1 Satz 1 Nr. 1, 2, 5, 6 Buchstabe b, Nr. 10 oder 11 fahrlässig, so ist die Strafe Freiheitsstrafe bis zu einem Jahr oder Geldstrafe.

(5) Das Gericht kann von einer Bestrafung nach den Absätzen 1, 2 und 4 absehen, wenn der Täter die Betäubungsmittel lediglich zum Eigenverbrauch in geringer Menge anbaut, herstellt, einführt, ausführt, durchführt, erwirbt, sich in sonstiger Weise verschafft oder besitzt.

(6) Die Vorschriften des Absatzes 1 Satz 1 Nr. 1 sind, soweit sie das Handeltreiben, Abgeben oder Veräußern betreffen, auch anzuwenden, wenn sich die Handlung auf Stoffe oder Zubereitungen bezieht, die nicht Betäubungsmittel sind, aber als solche ausgegeben werden.

Fußnote

§ 29 Abs. 1 Satz 1 Nr. 1, 3, 5: Nach Maßgabe der Entscheidungsformel mit dem GG vereinbar gem. BVerfGE v. 9.3.1994 I 1207 - 2 BvL 43/92 u. a. -

-

§ 29a Straftaten

(1) Mit Freiheitsstrafe nicht unter einem Jahr wird bestraft, wer

1.

als Person über 21 Jahre
Betäubungsmittel unerlaubt an eine Person unter 18 Jahren abgibt oder sie ihr entgegen § 13 Abs. 1 verabreicht oder zum unmittelbaren Verbrauch überläßt oder

2.

mit Betäubungsmitteln in nicht geringer Menge unerlaubt Handel treibt, sie in nicht geringer Menge herstellt oder abgibt oder sie besitzt, ohne sie auf Grund einer Erlaubnis nach § 3 Abs. 1 erlangt zu haben.

45

(2) In minder schweren Fällen ist die Strafe Freiheitsstrafe von drei Monaten bis zu fünf Jahren.

-

§ 30 Straftaten

(1) Mit Freiheitsstrafe nicht unter zwei Jahren wird bestraft, wer

1.

Betäubungsmittel unerlaubt anbaut, herstellt oder mit ihnen Handel treibt (§ 29 Abs. 1 Satz 1 Nr. 1) und dabei als Mitglied einer Bande handelt, die sich zur fortgesetzten Begehung solcher Taten verbunden hat,

2.

im Falle des § 29a Abs. 1 Nr. 1 gewerbsmäßig handelt,

3.

Betäubungsmittel abgibt, einem anderen verabreicht oder zum unmittelbaren Verbrauch überläßt und dadurch leichtfertig dessen Tod verursacht oder

4.

Betäubungsmittel in nicht geringer Menge unerlaubt einführt.

(2) In minder schweren Fällen ist die Strafe Freiheitsstrafe von drei Monaten bis zu fünf Jahren.

Fußnote

§ 30 Abs. 1 Nr. 4: Nach Maßgabe der Entscheidungsformel mit dem GG vereinbar gem. BVerfGE v. 9.3.1994 - 2 BvL 43/92 u. a. -

-

§ 30a Straftaten

(1) Mit Freiheitsstrafe nicht unter fünf Jahren wird bestraft, wer Betäubungsmittel in nicht geringer Menge unerlaubt anbaut, herstellt, mit ihnen Handel treibt, sie ein- oder ausführt (§ 29 Abs. 1 Satz 1 Nr. 1) und dabei als Mitglied einer Bande handelt, die sich zur fortgesetzten Begehung solcher Taten verbunden hat.

(2) Ebenso wird bestraft, wer

1.

   als Person über 21 Jahre eine Person unter 18 Jahren bestimmt, mit Betäubungsmitteln unerlaubt Handel zu treiben, sie, ohne Handel zu treiben, einzuführen, auszuführen, zu veräußern, abzugeben oder sonst in den Verkehr zu bringen oder eine dieser Handlungen zu fördern, oder

2.

   mit Betäubungsmitteln in nicht geringer Menge unerlaubt Handel treibt oder sie, ohne Handel zu treiben, einführt, ausführt oder sich verschafft und dabei eine Schußwaffe oder sonstige Gegenstände mit sich führt, die ihrer Art nach zur Verletzung von Personen geeignet und bestimmt sind.

(3) In minder schweren Fällen ist die Strafe Freiheitsstrafe von sechs Monaten bis zu zehn Jahren.

-

§ 30b Straftaten

§ 129 des Strafgesetzbuches gilt auch dann, wenn eine Vereinigung, deren Zwecke oder deren Tätigkeit auf den unbefugten Vertrieb von Betäubungsmitteln im Sinne des § 6 Nr. 5 des Strafgesetzbuches gerichtet sind, nicht oder nicht nur im Inland besteht.

-

§ 31 Strafmilderung oder Absehen von Strafe

Das Gericht kann die Strafe nach § 49 Abs. 1 des Strafgesetzbuches mildern oder, wenn der Täter keine Freiheitsstrafe von mehr als drei Jahren verwirkt hat, von Strafe absehen, wenn der Täter

1.

   durch freiwilliges Offenbaren seines Wissens wesentlich dazu beigetragen hat, daß eine Straftat nach den §§ 29 bis 30a, die mit seiner Tat im Zusammenhang steht, aufgedeckt werden konnte, oder

2.

   freiwillig sein Wissen so rechtzeitig einer Dienststelle offenbart, daß eine Straftat nach § 29 Abs. 3, § 29a Abs. 1, § 30 Abs. 1, § 30a Abs. 1 die mit seiner Tat im Zusammenhang steht und von deren Planung er weiß, noch verhindert werden kann.

War der Täter an der Tat beteiligt, muss sich sein Beitrag zur Aufklärung nach Satz 1 Nummer 1 über den eigenen Tatbeitrag hinaus erstrecken. § 46b Abs. 2 und 3 des Strafgesetzbuches gilt entsprechend.

-

§ 31a Absehen von der Verfolgung

(1) Hat das Verfahren ein Vergehen nach § 29 Abs. 1, 2 oder 4 zum Gegenstand, so kann die Staatsanwaltschaft von der Verfolgung absehen, wenn die Schuld des Täters als gering anzusehen wäre, kein öffentliches Interesse an der Strafverfolgung besteht und der Täter die Betäubungsmittel lediglich zum Eigenverbrauch in geringer Menge anbaut, herstellt, einführt, ausführt, durchführt, erwirbt, sich in sonstiger Weise verschafft oder besitzt. Von der Verfolgung soll abgesehen werden, wenn der Täter in einem Drogenkonsumraum Betäubungsmittel lediglich zum Eigenverbrauch, der nach § 10a geduldet werden kann, in geringer Menge besitzt, ohne zugleich im Besitz einer schriftlichen Erlaubnis für den Erwerb zu sein.

48

(2) Ist die Klage bereits erhoben, so kann das Gericht in jeder Lage des Verfahrens unter den Voraussetzungen des Absatzes 1 mit Zustimmung der Staatsanwaltschaft und des Angeschuldigten das Verfahren einstellen. Der Zustimmung des Angeschuldigten bedarf es nicht, wenn die Hauptverhandlung aus den in § 205 der Strafprozeßordnung angeführten Gründen nicht durchgeführt werden kann oder in den Fällen des § 231 Abs. 2 der Strafprozeßordnung und der §§ 232 und 233 der Strafprozeßordnung in seiner Abwesenheit durchgeführt wird. Die Entscheidung ergeht durch Beschluß. Der Beschluß ist nicht anfechtbar.

-

§ 32 Ordnungswidrigkeiten

(1) Ordnungswidrig handelt, wer vorsätzlich oder fahrlässig

1.

    entgegen § 4 Abs. 3 Satz 1 die Teilnahme am Betäubungsmittelverkehr nicht anzeigt,

2.

    in einem Antrag nach § 7, auch in Verbindung mit § 10a Abs. 3 oder § 13 Absatz 3 Satz 3, unrichtige Angaben macht oder unrichtige Unterlagen beifügt,

3.

    entgegen § 8 Abs. 3 Satz 1, auch in Verbindung mit § 10a Abs. 3, eine Änderung nicht richtig, nicht vollständig oder nicht unverzüglich mitteilt,

4.

    einer vollziehbaren Auflage nach § 9 Abs. 2, auch in Verbindung mit § 10a Abs. 3, zuwiderhandelt,

5.

    entgegen § 11 Abs. 1 Satz 1 Betäubungsmittel ohne Genehmigung ein- oder ausführt,

6.

49

einer Rechtsverordnung nach § 11 Abs. 2 Satz 2 Nr. 2 bis 4, § 12 Abs. 4, § 13 Abs. 3 Satz 2 Nr. 2, 3 oder 4, § 20 Abs. 1 oder § 28 Abs. 2 zuwiderhandelt, soweit sie für einen bestimmten Tatbestand auf diese Bußgeldvorschrift verweist,

7.

entgegen § 12 Abs. 1 Betäubungsmittel abgibt oder entgegen § 12 Abs. 2 die Abgabe oder den Erwerb nicht richtig, nicht vollständig oder nicht unverzüglich meldet oder den Empfang nicht bestätigt,

7a.

entgegen § 13 Absatz 1a Satz 3 nicht, nicht richtig oder nicht rechtzeitig bei einer Apotheke anfragt,

7b.

entgegen § 13 Absatz 1a Satz 4 oder 5 eine Aufzeichnung nicht, nicht richtig oder nicht vollständig führt oder eine Aufzeichnung nicht oder nicht mindestens drei Jahre aufbewahrt,

8.

entgegen § 14 Abs. 1 bis 4 Betäubungsmittel nicht vorschriftsmäßig kennzeichnet,

9.

einer vollziehbaren Anordnung nach § 15 Satz 2 zuwiderhandelt,

10.

entgegen § 16 Abs. 1 Betäubungsmittel nicht vorschriftsmäßig vernichtet, eine Niederschrift nicht fertigt oder sie nicht aufbewahrt oder entgegen § 16 Abs. 2 Satz 1 Betäubungsmittel nicht zur Vernichtung einsendet, jeweils auch in Verbindung mit § 16 Abs. 3,

11.

entgegen § 17 Abs. 1 oder 2 Aufzeichnungen nicht, nicht richtig oder nicht vollständig führt oder entgegen § 17 Abs. 3 Aufzeichnungen oder Rechnungsdurchschriften nicht aufbewahrt,

12.

50

entgegen § 18 Abs. 1 bis 3 Meldungen nicht richtig, nicht vollständig oder nicht rechtzeitig erstattet,

13.

entgegen § 24 Abs. 1 einer Duldungs- oder Mitwirkungspflicht nicht nachkommt,

14.

entgegen § 24a den Anbau von Nutzhanf nicht, nicht richtig, nicht vollständig oder nicht rechtzeitig anzeigt oder

15.

Betäubungsmittel in eine Postsendung einlegt, obwohl diese Versendung durch den Weltpostvertrag oder ein Abkommen des Weltpostvereins verboten ist; das Postgeheimnis gemäß Artikel 10 Abs. 1 des Grundgesetzes wird insoweit für die Verfolgung und Ahndung der Ordnungswidrigkeit eingeschränkt.

(2) Die Ordnungswidrigkeit kann mit einer Geldbuße bis zu fünfundzwanzigtausend Euro geahndet werden.

(3) Verwaltungsbehörde im Sinne des § 36 Abs. 1 Nr. 1 des Gesetzes über Ordnungswidrigkeiten ist das Bundesinstitut für Arzneimittel und Medizinprodukte, soweit das Gesetz von ihm ausgeführt wird, im Falle des § 32 Abs. 1 Nr. 14 die Bundesanstalt für Landwirtschaft und Ernährung.

-

§ 33 Einziehung

Gegenstände, auf die sich eine Straftat nach den §§ 29 bis 30a oder eine Ordnungswidrigkeit nach § 32 bezieht, können eingezogen werden. § 74a des Strafgesetzbuches und § 23 des Gesetzes über Ordnungswidrigkeiten sind anzuwenden.

-

51

§ 34 Führungsaufsicht

In den Fällen des § 29 Abs. 3, der §§ 29a, 30 und 30a kann das Gericht Führungsaufsicht anordnen (§ 68 Abs. 1 des Strafgesetzbuches).

Siebenter Abschnitt
Betäubungsmittelabhängige Straftäter

-

§ 35 Zurückstellung der Strafvollstreckung

(1) Ist jemand wegen einer Straftat zu einer Freiheitsstrafe von nicht mehr als zwei Jahren verurteilt worden und ergibt sich aus den Urteilsgründen oder steht sonst fest, daß er die Tat auf Grund einer Betäubungsmittelabhängigkeit begangen hat, so kann die Vollstreckungsbehörde mit Zustimmung des Gerichts des ersten Rechtszuges die Vollstreckung der Strafe, eines Strafrestes oder der Maßregel der Unterbringung in einer Entziehungsanstalt für längstens zwei Jahre zurückstellen, wenn der Verurteilte sich wegen seiner Abhängigkeit in einer seiner Rehabilitation dienenden Behandlung befindet oder zusagt, sich einer solchen zu unterziehen, und deren Beginn gewährleistet ist. Als Behandlung gilt auch der Aufenthalt in einer staatlich anerkannten Einrichtung, die dazu dient, die Abhängigkeit zu beheben oder einer erneuten Abhängigkeit entgegenzuwirken.

(2) Gegen die Verweigerung der Zustimmung durch das Gericht des ersten Rechtszuges steht der Vollstreckungsbehörde die Beschwerde nach dem Zweiten Abschnitt des Dritten Buches der Strafprozeßordnung zu. Der Verurteilte kann die Verweigerung dieser Zustimmung nur zusammen mit der Ablehnung der Zurückstellung durch die Vollstreckungsbehörde nach den §§ 23 bis 30 des Einführungsgesetzes zum Gerichtsverfassungsgesetz anfechten. Das Oberlandesgericht entscheidet in diesem Falle auch über die Verweigerung der Zustimmung; es kann die Zustimmung selbst erteilen.

(3) Absatz 1 gilt entsprechend, wenn

1.

auf eine Gesamtfreiheitsstrafe von nicht mehr als zwei Jahren erkannt worden ist oder

2.

auf eine Freiheitsstrafe oder Gesamtfreiheitsstrafe von mehr als zwei Jahren erkannt worden ist und ein zu vollstreckender Rest der Freiheitsstrafe oder der Gesamtfreiheitsstrafe zwei Jahre nicht übersteigt

und im übrigen die Voraussetzungen des Absatzes 1 für den ihrer Bedeutung nach überwiegenden Teil der abgeurteilten Straftaten erfüllt sind.

(4) Der Verurteilte ist verpflichtet, zu Zeitpunkten, die die Vollstreckungsbehörde festsetzt, den Nachweis über die Aufnahme und über die Fortführung der Behandlung zu erbringen; die behandelnden Personen oder Einrichtungen teilen der Vollstreckungsbehörde einen Abbruch der Behandlung mit.

(5) Die Vollstreckungsbehörde widerruft die Zurückstellung der Vollstreckung, wenn die Behandlung nicht begonnen oder nicht fortgeführt wird und nicht zu erwarten ist, daß der Verurteilte eine Behandlung derselben Art alsbald beginnt oder wieder aufnimmt, oder wenn der Verurteilte den nach Absatz 4 geforderten Nachweis nicht erbringt. Von dem Widerruf kann abgesehen werden, wenn der Verurteilte nachträglich nachweist, daß er sich in Behandlung befindet. Ein Widerruf nach Satz 1 steht einer erneuten Zurückstellung der Vollstreckung nicht entgegen.

(6) Die Zurückstellung der Vollstreckung wird auch widerrufen, wenn

1.

bei nachträglicher Bildung einer Gesamtstrafe nicht auch deren Vollstreckung nach Absatz 1 in Verbindung mit Absatz 3 zurückgestellt wird oder

2.

eine weitere gegen den Verurteilten erkannte Freiheitsstrafe oder freiheitsentziehende Maßregel der Besserung und Sicherung zu vollstrecken ist.

(7) Hat die Vollstreckungsbehörde die Zurückstellung widerrufen, so ist sie befugt, zur Vollstreckung der Freiheitsstrafe oder der Unterbringung in einer

Entziehungsanstalt einen Haftbefehl zu erlassen. Gegen den Widerruf kann die Entscheidung des Gerichts des ersten Rechtszuges herbeigeführt werden. Der Fortgang der Vollstreckung wird durch die Anrufung des Gerichts nicht gehemmt. § 462 der Strafprozeßordnung gilt entsprechend.

-

§ 36 Anrechnung und Strafaussetzung zur Bewährung

(1) Ist die Vollstreckung zurückgestellt worden und hat sich der Verurteilte in einer staatlich anerkannten Einrichtung behandeln lassen, so wird die vom Verurteilten nachgewiesene Zeit seines Aufenthaltes in dieser Einrichtung auf die Strafe angerechnet, bis infolge der Anrechnung zwei Drittel der Strafe erledigt sind. Die Entscheidung über die Anrechnungsfähigkeit trifft das Gericht zugleich mit der Zustimmung nach § 35 Abs. 1. Sind durch die Anrechnung zwei Drittel der Strafe erledigt oder ist eine Behandlung in der Einrichtung zu einem früheren Zeitpunkt nicht mehr erforderlich, so setzt das Gericht die Vollstreckung des Restes der Strafe zur Bewährung aus, sobald dies unter Berücksichtigung des Sicherheitsinteresses der Allgemeinheit verantwortet werden kann.

(2) Ist die Vollstreckung zurückgestellt worden und hat sich der Verurteilte einer anderen als der in Absatz 1 bezeichneten Behandlung seiner Abhängigkeit unterzogen, so setzt das Gericht die Vollstreckung der Freiheitsstrafe oder des Strafrestes zur Bewährung aus, sobald dies unter Berücksichtigung des Sicherheitsinteresses der Allgemeinheit verantwortet werden kann.

(3) Hat sich der Verurteilte nach der Tat einer Behandlung seiner Abhängigkeit unterzogen, so kann das Gericht, wenn die Voraussetzungen des Absatzes 1 Satz 1 nicht vorliegen, anordnen, daß die Zeit der Behandlung ganz oder zum Teil auf die Strafe angerechnet wird, wenn dies unter Berücksichtigung der Anforderungen, welche die Behandlung an den Verurteilten gestellt hat, angezeigt ist.

(4) Die §§ 56a bis 56g und 57 Abs. 5 Satz 2 des Strafgesetzbuches gelten entsprechend.

54

(5) Die Entscheidungen nach den Absätzen 1 bis 3 trifft das Gericht des ersten Rechtszuges ohne mündliche Verhandlung durch Beschluß. Die Vollstreckungsbehörde, der Verurteilte und die behandelnden Personen oder Einrichtungen sind zu hören. Gegen die Entscheidungen ist sofortige Beschwerde möglich. Für die Entscheidungen nach Absatz 1 Satz 3 und nach Absatz 2 gilt § 454 Abs. 4 der Strafprozeßordnung entsprechend; die Belehrung über die Aussetzung des Strafrestes erteilt das Gericht.

-

§ 37 Absehen von der Erhebung der öffentlichen Klage

(1) Steht ein Beschuldigter in Verdacht, eine Straftat auf Grund einer Betäubungsmittelabhängigkeit begangen zu haben, und ist keine höhere Strafe als eine Freiheitsstrafe bis zu zwei Jahren zu erwarten, so kann die Staatsanwaltschaft mit Zustimmung des für die Eröffnung des Hauptverfahrens zuständigen Gerichts vorläufig von der Erhebung der öffentlichen Klage absehen, wenn der Beschuldigte nachweist, daß er sich wegen seiner Abhängigkeit der in § 35 Abs. 1 bezeichneten Behandlung unterzieht, und seine Resozialisierung zu erwarten ist. Die Staatsanwaltschaft setzt Zeitpunkte fest, zu denen der Beschuldigte die Fortdauer der Behandlung nachzuweisen hat. Das Verfahren wird fortgesetzt, wenn

1.

die Behandlung nicht bis zu ihrem vorgesehenen Abschluß fortgeführt wird,

2.

der Beschuldigte den nach Satz 2 geforderten Nachweis nicht führt,

3.

der Beschuldigte eine Straftat begeht und dadurch zeigt, daß die Erwartung, die dem Absehen von der Erhebung der öffentlichen Klage zugrunde lag, sich nicht erfüllt hat, oder

4.

auf Grund neuer Tatsachen oder Beweismittel eine Freiheitsstrafe von mehr als zwei Jahren zu erwarten ist.

In den Fällen des Satzes 3 Nr. 1, 2 kann von der Fortsetzung des Verfahrens abgesehen werden, wenn der Beschuldigte nachträglich nachweist, daß er sich weiter in Behandlung befindet. Die Tat kann nicht mehr verfolgt werden, wenn das Verfahren nicht innerhalb von zwei Jahren fortgesetzt wird.

(2) Ist die Klage bereits erhoben, so kann das Gericht mit Zustimmung der Staatsanwaltschaft das Verfahren bis zum Ende der Hauptverhandlung, in der die tatsächlichen Feststellungen letztmals geprüft werden können, vorläufig einstellen. Die Entscheidung ergeht durch unanfechtbaren Beschluß. Absatz 1 Satz 2 bis 5 gilt entsprechend. Unanfechtbar ist auch eine Feststellung, daß das Verfahren nicht fortgesetzt wird (Abs. 1 Satz 5).

(3) Die in § 172 Abs. 2 Satz 3, § 396 Abs. 3 und § 467 Abs. 5 der Strafprozeßordnung zu § 153a der Strafprozeßordnung getroffenen Regelungen gelten entsprechend.

-

§ 38 Jugendliche und Heranwachsende

(1) Bei Verurteilung zu Jugendstrafe gelten die §§ 35 und 36 sinngemäß. Neben der Zusage des Jugendlichen nach § 35 Abs. 1 Satz 1 bedarf es auch der Einwilligung des Erziehungsberechtigten und des gesetzlichen Vertreters. Im Falle des § 35 Abs. 7 Satz 2 findet § 83 Abs. 2 Nr. 1, Abs. 3 Satz 2 des Jugendgerichtsgesetzes sinngemäß Anwendung. Abweichend von § 36 Abs. 4 gelten die §§ 22 bis 26a des Jugendgerichtsgesetzes entsprechend. Für die Entscheidungen nach § 36 Abs. 1 Satz 3 und Abs. 2 sind neben § 454 Abs. 4 der Strafprozeßordnung die §§ 58, 59 Abs. 2 bis 4 und § 60 des Jugendgerichtsgesetzes ergänzend anzuwenden.

(2) § 37 gilt sinngemäß auch für Jugendliche und Heranwachsende.

Achter Abschnitt

Übergangs- und Schlußvorschriften

-

§ 39 Übergangsregelung

Einrichtungen, in deren Räumlichkeiten der Verbrauch von mitgeführten, ärztlich nicht verschriebenen Betäubungsmitteln vor dem 1. Januar 1999 geduldet wurde, dürfen ohne eine Erlaubnis der zuständigen obersten Landesbehörde nur weiterbetrieben werden, wenn spätestens 24 Monate nach dem Inkrafttreten des Dritten BtMG-Änderungsgesetzes vom 28. März 2000 (BGBl. I S. 302) eine Rechtsverordnung nach § 10a Abs. 2 erlassen und ein Antrag auf Erlaubnis nach § 10a Abs. 1 gestellt wird. Bis zur unanfechtbaren Entscheidung über einen Antrag können diese Einrichtungen nur weiterbetrieben werden, soweit die Anforderungen nach § 10a Abs. 2 oder einer nach dieser Vorschrift erlassenen Rechtsverordnung erfüllt werden. § 29 Abs. 1 Satz 1 Nr. 10 und 11 gilt auch für Einrichtungen nach Satz 1.

-

§ 39a Übergangsregelung aus Anlass des Gesetzes zur Änderung arzneimittelrechtlicher und anderer Vorschriften

Für eine Person, die die Sachkenntnis nach § 5 Absatz 1 Nummer 2 nicht hat, aber am 22. Juli 2009 die Voraussetzungen nach § 141 Absatz 3 des Arzneimittelgesetzes erfüllt, gilt der Nachweis der erforderlichen Sachkenntnis nach § 6 Absatz 1 Nummer 1 als erbracht.

-

§§ 40 und 40a (gegenstandslos)

-

57

§ 41

(weggefallen)

-

Anlage I (zu § 1 Abs. 1)
(nicht verkehrsfähige Betäubungsmittel)

(Fundstelle: BGBl. I 2001, 1180 - 1186;

bzgl. der einzelnen Änderungen vgl. Fußnote)

Spalte 1	enthält die International Nonproprietary Names (INN) der Weltgesundheitsorganisation. Bei der Bezeichnung eines Stoffes hat der INN Vorrang vor allen anderen Bezeichnungen.
Spalte 2	enthält andere nicht geschützte Stoffbezeichnungen (Kurzbezeichnungen oder Trivialnamen). Wenn für einen Stoff kein INN existiert, kann zu seiner eindeutigen Bezeichnung die in dieser Spalte fett gedruckte Bezeichnung verwendet werden. Alle anderen nicht fett gedruckten Bezeichnungen sind wissenschaftlich nicht eindeutig. Sie sind daher in Verbindung mit der Bezeichnung in Spalte 3 zu verwenden.
Spalte 3	enthält die chemische Stoffbezeichnung nach der Nomenklatur der International Union of Pure and Applied Chemistry (IUPAC). Wenn in Spalte 1 oder 2 keine Bezeichnung aufgeführt ist, ist die der Spalte 3 zu verwenden.

INN	andere nicht geschützte oder Trivialnamen	chemische Namen (IUPAC)
Acetorphin	-	{4,5α-Epoxy-7α-[(*R*)-2-hydroxypentan-2-yl]-6-methoxy-17-methyl-6,14-

58

		ethenomorphinan-3-yl}acetat
-	Acetyldihydrocodein	(4,5α-Epoxy-3-methoxy-17-methylmorphinan-6α-yl)acetat
Acetylmethadol	-	(6-Dimethylamino-4,4-diphenyl-heptan-3-yl)acetat
-	Acetyl-α-methylfentanyl	*N*-Phenyl-*N*-[1-(1-phenyl-propan-2-yl)-4-piperidyl]acetamid
-	-	4-Allyloxy-3,5-dimethoxy-phenethylazan
Allylprodin	-	(3-Allyl-1-methyl-4-phenyl-4-piperidyl)propionat
Alpha-cetylmethadol	-	[(3*R*,6*R*)-6-Dimethylamino-4,4-diphenylheptan-3-yl]acetat
Alphameprodin	-	[(3*RS*,4*SR*)-3-Ethyl-1-methyl-4-phenyl-4-piperidyl]propionat
Alphamethadol	-	(3*R*,6*R*)-6-Dimethylamino-4,4-diphenylheptan-3-ol
Alphaprodin	-	[(3*RS*,4*SR*)-1,3-Dimethyl-4-phenyl-4-piperidyl]propionat
-	5-(2-Aminopropyl)indol (5-IT)	1-(1*H*-Indol-5-yl)propan-2-amin
Anileridin	-	Ethyl[1-(4-aminophenethyl)-4-phenyl-piperidin-4-carboxylat)
-	BDB	1-(1,3-Benzodioxol-5-yl)butan-2-ylazan
Benzethidin	-	Ethyl{1-[2-benzyloxy)ethyl]-4-phenyl-piperidin-4-

59

		carboxylat}
Benzfetamin	Benzphetamin	(Benzyl)(methyl)(1-phenylpropan-2-yl)azan
-	MDPPP	1-(1,3-Benzodioxol-5-yl)-2-(pyrrolidin-1-yl)propan-1-on
-	Benzylfentanyl	N-(1-Benzyl-4-piperidyl)-N-phenyl-propanamid
-	Benzylmorphin	3-Benzyloxy-4,5α-epoxy-17-methylmorphin-7-en-6α-ol
Betacetylmethadol	-	[(3S,6R)-6-Dimethylamino-4,4-diphenylheptan-3-yl]acetat
Betameprodin	-	[(3RS,4RS)-3-Ethyl-1-methyl-4-phenyl-4-piperidyl]propionat
Betamethadol	-	(3S,6R)-6-Dimethylamino-4,4-diphenylheptan-3-ol
Betaprodin	-	[(3RS,4RS)-1,3-Dimethyl-4-phenyl-4-piperidyl]propionat
Bezitramid	-	4-[4-(2-Oxo-3-propionyl-2,3-dihydrobenzimidazol-1-yl)piperidino]-2,2,-diphenyl-butannitril
-	25B-NBOMe (2C-B-NBOMe)	2-(4-Brom-2,5-dimethoxyphenyl)-N-[(2-methoxyphenyl)methyl]ethanamin
Brolamfetamin	Dimethoxybromamfetamin (DOB)	(RS)-1-(4-Brom-2,5-dimethoxy-phenyl)propan-2-ylazan
-	Bromdimethoxyphenethylamin (BDMPEA, 2C-B)	4-Brom-2,5-dimethoxyphenethyl-azan
-	**Cannabis**	-

(Marihuana, Pflanzen und
Pflanzenteile der zur Gattung
Cannabis gehörenden
Pflanzen)
- ausgenommen
a)   deren Samen, sofern er nicht zum unerlaubten Anbau bestimmt
       ist,
b)   wenn sie aus dem Anbau in Ländern der Europäischen Union mit
       zertifiziertem Saatgut von Sorten stammen, die am 15. März des
       Anbaujahres in dem in Artikel 9 der Delegierten Verordnung (EU)
       Nr. 639/2014 der Kommission vom 11. März 2014 zur Ergänzung
       der Verordnung (EU) Nr. 1307/2013 des Europäischen
       Parlaments und des Rates mit Vorschriften über Direktzahlungen
       an Inhaber landwirtschaftlicher Betriebe im Rahmen von
       Stützungsregelungen der Gemeinsamen Agrarpolitik und zur
       Änderung des Anhangs X der genannten Verordnung (ABl. L 181
       vom 20.6.2014, S. 1) in der jeweils geltenden Fassung genannten
       gemeinsamen Sortenkatalog für landwirtschaftliche Pflanzenarten
       aufgeführt sind, oder ihr Gehalt an Tetrahydrocannabinol 0,2
       Prozent nicht übersteigt und der Verkehr mit ihnen
       (ausgenommen der Anbau) ausschließlich gewerblichen oder
       wissenschaftlichen Zwecken dient, die einen Missbrauch zu
       Rauschzwecken ausschließen,
c)   wenn sie als Schutzstreifen bei der Rübenzüchtung gepflanzt und
       vor der Blüte vernichtet werden,
d)   wenn sie von Unternehmen der Landwirtschaft angebaut werden,
       die die Voraussetzungen des § 1 Absatz 4 des Gesetzes über die
       Alterssicherung der Landwirte erfüllen, mit Ausnahme von
       Unternehmen der Forstwirtschaft, des Garten- und Weinbaus, der
       Fischzucht, der Teichwirtschaft, der Imkerei, der Binnenfischerei
       und der Wanderschäferei, oder die für eine Beihilfegewährung

61

nach der Verordnung (EU) Nr. 1307/2013 des Europäischen
Parlaments und des Rates vom 17. Dezember 2013 mit
Vorschriften über Direktzahlungen an Inhaber landwirtschaftlicher
Betriebe im Rahmen von Stützungsregelungen der Gemeinsamen
Agrarpolitik und zur Aufhebung der Verordnung (EG) Nr. 637/2008
des Rates und der Verordnung (EG) Nr. 73/2009 des Rates (ABl.
L 347 vom 20.12.2013, S. 608) in der jeweils geltenden Fassung
in Betracht kommen und der Anbau ausschließlich aus
zertifiziertem Saatgut von Sorten erfolgt, die am 15. März des
Anbaujahres in dem in Artikel 9 der Delegierten Verordnung (EU)
Nr. 639/2014 genannten gemeinsamen Sortenkatalog für
landwirtschaftliche Pflanzenarten aufgeführt sind (Nutzhanf) oder

e)		zu den in Anlage III bezeichneten Zwecken -
-	**Cannabisharz**	-
	(Haschisch, das abgesonderte	
	Harz der zur Gattung Cannabis	
	gehörenden Pflanzen=)	
Carfentanil	-	Methyl[1-phenethyl-4-(*N*-phenyl-propanamido)piperidin-4-carboxylat]
Cathinon	-	(*S*)-2-Amino-1-phenylpropan-1-on
-	2C-C	2-(4-Chlor-2,5-dimethoxyphenyl)ethanamin
-	2C-D (2C-M)	2-(2,5-Dimethoxy-4-methylphenyl)ethanamin
-	2C-E	2-(4-Ethyl-2,5-dimethoxyphenyl)ethanamin
-	2C-I	4-Iod-2,5-dimethoxyphenethyl-azan
-	Clephedron	1-(4-Chlorphenyl)-2-

62

-	(4-CMC, 4-Chlormethcathinon)	(methylamino)propan-1-on
	6-Cl-MDMA	[1-(6-Chlor-1,3-benzodioxol-5-yl)propan-2-yl] (methyl)azan
Clonitazen	-	{2-[2-(4-Chlorbenzyl)-5-nitrobenzimidazol-1-yl]ethyl}diethylazan
-	25C-NBOMe (2C-C-NBOMe)	2-(4-Chlor-2,5-dimethoxyphenyl)-*N*-[(2-methoxyphenyl)methyl]ethanamin
-	**Codein-N-oxid**	4,5α-Epoxy-3-methoxy-17-methylmorphin-7-en-6α-ol-17-oxid
Codoxim	-	(4,5α-Epoxy-3-methoxy-17-methylmorphinan-6-yliden-aminooxy)essigsäure
-	2C-P	2-(2,5-Dimethoxy-4-propylphenyl)ethanamin
-	2C-T-2	4-Ethylsulfanyl-2,5-dimethoxy-phenetylazan
-	2C-T-7	2,5-Dimethoxy-4-(propylsulfanyl)phenethylazan
Desomorphin	Dihydrodesoxymorphin	4,5α-Epoxy-17-methyl-morphinan-3-ol
Diampromid	-	*N*-{2-[(Methyl)(phenetyl)amino]propyl}-*N*-phenylpropanamid
-	Diethoxybromamfetamin	1-(4-Brom-2,5-diethoxyphenyl)propan-2-ylazan

Diethylthiambuten	-	Diethyl(1-methyl-3,3-di-2-thienylallyl)azan
-	*N,N*-Diethyltryptamin (Diethyltryptamin, DET)	Diethyl[2-(indol-3-yl)ethyl]azan
-	**Dihydroetorphin** (18,19-Dihydroetorphin)	(5*R*,6*R*,7*R*,14*R*)-4,5α-Epoxy-7α-[(*R*)-2-hydroxypentan-2-yl]-6-methoxy-17-methyl-6,14-ethanomorphinan-3-ol
Dimenoxadol	-	(2-Dimethylaminoethyl) [(ethoxy)(diphenyl)acetat]
Dimepheptanol	Methadol	6-Dimethylamino-4,4-diphenyl-heptan-3-ol
-	Dimethoxyamfetamin (DMA)	1-(2,5-Dimethoxyphenyl)propan-2-ylazan
-	Dimethoxyethylamfetamin (DOET)	1-(4-Ethyl-2,5-dimethoxyphenyl)propan-2-ylazan
-	Dimethoxymethamfetamin (DMMA)	1-(3,4-Dimethoxyphenyl)-*N*-methylpropan-2-amin
-	Dimethoxymethylamfetamin (DOM, STP)	(*RS*)-1-(2,5-Dimethoxy-4-methylphenyl)propan-2-ylazan
-	Dimethylheptyltetrahydrocannabinol (DMHP)	6,6,9-Trimethyl-3-(3-methyl-octan-2-yl)-7,8,9,10-tetra-hydro-6H-benzo(c)chromen-1-ol
Dimethylthiambuten	-	Dimethyl(1-methyl-3,3-di-2-thienylallyl)azan
-	*N,N*-Dimethyltryptamin (Dimethyltryptamin, DMT)	[2-(Indol-3-yl)ethyl]dimethyl-azan

Dioxaphetylbutyrat	-	Ethyl-(4-morpholino-2,2-diphenylbutanoat)
Dipipanon	-	4,4-Diphenyl-6-piperidinoheptan-3-on
-	DOC	1-(4-Chlor-2,5-dimethoxyphenyl)propan-2-ylazan
Drotebanol	-	3,4-Dimethoxy-17-methyl-morphinan-6ß,14-diol
-	N-Ethylbuphedron (NEB)	2-(Ethylamino)-1-phenylbutan-1-on
-	4-Ethylmethcathinon (4-EMC)	1-(4-Ethylphenyl)-2-(methylamino)propan-1-on
Ethylmethylthiambuten	-	(Ethyl)(methyl)(1-methyl-3,3-di-2-thienylallyl)azan
-	Ethylon (bk-MDEA, MDEC)	1-(1,3-Benzodioxol-5-yl)-2-(ethylamino)propan-1-on
-	Ethylpiperidylbenzilat	(1-Ethyl-3-piperidyl)benzilat
Eticyclidin	PCE	(Ethyl(1-phenylcyclohexyl)azan
Etonitazen	-	{2-[2-(4-Ethoxybenzyl)-5-nitrobenzimidazol-1-yl]ethyl}diethylazan
Etoxeridin	-	Ethyl{1-[2-(2-hydroxyethoxy)ethyl]-4-phenylpiperidin-4-carboxylat}
Etryptamin	α-Ethyltryptamin	1-(Indol-3-yl)butan-2-ylazan
-	FLEA	N-[1-(1,3-Benzodioxol-5-yl)propan-2-yl]-N-methyl-hydroxylamin
-	4-Fluoramfetamin (4-FA, 4-FMP)	(RS)-1-(4-Fluorphenyl)propan-2-amin

-	ρ-Fluorfentanyl	N-(4-Fluorphenyl)-N-(1-phenethyl-4-piperidyl)propanamid
-	2-Fluormethamfetamin (2-FMA)	1-(2-Fluorphenyl)-N-methylpropan-2-amin
-	3-Fluormethamfetamin (3-FMA)	1-(3-Fluorphenyl)-N-methylpropan-2-amin
Furethidin	-	Ethyl{4-phenyl-1-[2-tetra-hydrofurfuryloxy)ethyl]piperidin-4-carboxylat}
-	**Heroin** (Diacetylmorphin, Diamorphin) – ausgenommen Diamorphin zu den in den Anlagen II und III bezeichneten Zwecken –	[(5R,6S)-4,5-Epoxy-17-methyl-morphin-7-en-3,6-diyl]diacetat
Hydromorphinol	14-Hydroxydihydromorphin	4,5α-Epoxy-17-methyl-morphinan-3,6α,14-triol
-	N-Hydroxyamfetamin (NOHA)	N-(1-Phenylpropan-2-yl)hydroxylamin
-	ß-Hydroxyfentanyl	N-[1-(2-Hydroxy-2-phenyl-ethyl)-4-piperidyl]-N-phenylpropanamid
-	Hydroxymethylendioxyamfetamin (N-Hydroxy-MDA,MDOH)	N-[1-(1,3-Benzodioxol-5-yl)propan-2-yl]hydroxylamin
-	β-Hydroxy-3-methyl-fentanyl (Ohmefentanyl)	N-[1-(2-Hydroxy-2-phenyl-ethyl)-3-methyl-4-piperidyl]-N-phenylpropanamid
Hydroxypethidin	-	Ethyl[4-(3-hydroxyphenyl)-1-methylpiperidin-4-carboxylat]
-	25I-NBOMe (2C-I-NBOMe)	2-(4-Iod-2,5-dimethoxyphenyl)-N-[(2-

		methoxyphenyl)methyl]etha namin
Lefetamin	SPA	[(R)-1,2-Diphenylethyl]dimethylazan
Levomethorphan	-	(9R,13R,14R)-3-Methoxy-17-methylmorphinan
Levophenacylmorphan	-	2-[(9R,13R,14R)-3-Hydroxy-morphinan-17-yl]-1-phenyl-ethanon
Lofentanil	-	Methyl[(3R,4S)-3-methyl-1-phenethyl-4-(N-phenyl-propanamido)piperidin-4-carboxylat]
Lysergid	N,N-Diethyl-D-lysergamid (LSD,LSD-25)	N,N-Diethyl-6-methyl-9,10-didehydroergolin-8β-carboxamid
-	MAL	3,5-Dimethoxy-4-(2-methyl-allyloxy)phenethylazan
-	MBDB	[1-(1,3-Benzodioxol-5-yl)butan-2-yl](methyl)azan
-	Mebroqualon	3-(2-Bromphenyl)2-methyl-chinazolin-4(3H)-on
Mecloqualon	-	3-(2-Chlorphenyl)-2-methyl-chinazolin-4(3H)-on
-	**Mescalin**	3,4,5-Trimethoxyphenethylazan
Metazocin	-	3,6,11-Trimethyl-1,2,3,4,5,6-hexahydro-2,6-methano-3-benzazocin-8-ol
-	Methcathinon (Ephedron)	2-Methylamino-1-phenylpropan-1-on
-	Methiopropamin (MPA)	N-Methyl-1-(thiophen-2-yl)propan-2-amin

	Methoxetamin (MXE)	2-(Ethylamino)-2-(3-methoxyphenyl)cyclohexanon
-	Methoxyamfetamin (PMA)	1-(4-Methoxyphenyl)propan-2-ylazan
-	5-Methoxy-*N,N*-diisopropyltryptamin (5-MeO-DIPT)	Diisopropyl[2-(5-methoxyindol-3-yl)ethyl]azan
-	5-Methoxy-DMT (5-MeO-DMT)	[2-(5-Methoxyindol-3-yl)ethyl]dimethylazan
-	-	(2-Methoxyethyl)(1-phenyl-cyclohexyl)azan
-	Methoxymetamfetamin (PMMA)	[1-(4-Methoxyphenyl)propan-2-yl](methyl)azan
-	Methoxymethylendioxyamfetamin (MMDA)	1-(7-Methoxy-1,3-benzodioxol-5-yl)propan-2–ylazan
-	-	(3-Methoxypropyl)(1-phenyl-cyclohexyl)azan
-	Methylaminorex (4-Methylaminorex)	4-Methyl-5-phenyl-4,5-dihydro-1,3-oxazol-2-ylazan
-	4-Methylbuphedron (4-MeMABP)	2-(Methylamino)-1-(4-methylphenyl)butan-1-on
Methyldesorphin	-	4,5α-Epoxy-6,17-dimethyl-morphin-6-en-3-ol
Methyldihydromorphin	-	4,5α-Epoxy-6,17-dimethyl-morphinan-3,6α-diol
-	Methylendioxyethylamfetamin (*N*-Ethyl-MDA, MDE, MDEA)	[1-(1,3-Benzodioxol-5-yl)propan-2-yl](ethyl)azan
-	Methylendioxymetamfetamin (MDMA)	[1-(1,3-Benzodioxol-5-yl)propan-2-yl](methyl)azan

68

-	α-Methylfentanyl	N-Phenyl-N-[1-(1-phenylpropan-2-yl)-4-piperidyl]propanamid
-	3-Methylfentanyl (Mefentanyl)	N-(3-Methyl-1-phenethyl-4-piperidyl)-N-phenylpropanamid
-	Methylmethaqualon	3-(2,4-Dimethylphenyl)-2-methyl-chinazolin-4(3H)on
-	3-Methylmethcathinon (3-MMC)	2-(Methylamino)-1-(3-methylphenyl)propan-1-on
-	4-Methylmethcathinon (Mephedron)	1-(4-Methylphenyl)-2-methylaminopropan-1-on
-	Methylphenylpropionoxypiperidin (MPPP)	(1-Methyl-4-phenyl-4-piperidyl)propionat
-	Methyl-3-phenylpropylamin (1M-3PP)	(Methyl)(3-phenylpropyl)azan
-	Methylphenyltetrahydropyridin (MPTP)	1-Methyl-4-phenyl-1,2,3,6-tetrahydropyridin
-	Methylpiperidylbenzilat	(1-Methyl-3-piperidyl)benzilat
-	4-Methylthioamfetamin (4-MTA)	1-[4-(Methylsulfanyl)phenyl]propan-2-ylazan
-	α-Methylthiofentanyl	N-Phenyl-N-{1-[1-(2-thienyl)propan-2-yl]-4-piperidyl}propanamid
-	3-Methylthiofentanyl	N-{3-Methyl-1-[2-(2-thienyl)ethyl]-4-piperidyl}-N-phenyl-propanamid
-	α-Methyltryptamin (α-MT, AMT)	1-(Indol-3-yl)propan-2-ylazan
Metopon	5-Methyldihydromorphinon	4,5α-Epoxy-3-hydroxy-5,17-dimethylmorphinan-6-on

Morpheridin	-	Ethyl(1-(2-morpholinoethyl)-4-phenylpiperidin-4-carboxylat)
-	**Morphin-N-oxid**	(5R,6S)-4,5-Epoxy-3,6-dihydroxy-17-methylmorphin-7-en-17-oxid
Myrophin	Myristylbenzylmorphin	(3-Benzyloxy-4,5α-epoxy-17-methylmorphin-7-en-6-yl)tetradecanoat
-	25N-NBOMe (2C-N-NBOMe)	2-(2,5-Dimethoxy-4-nitrophenyl)-N-[(2-methoxyphenyl)methyl]ethanamin
Nicomorphin	3,6-Dinicotinoylmorphin	4,5α-Epoxy-17-methyl-morphin-7-en-3,6α-diyl)dinicotinat
Noracymethadol	-	(6-Methylamino-4,4-diphenyl-heptan-3-yl)acetat
Norcodein	N-Desmethylcodein	4,5α-Epoxy-3-methoxy-morphin-7-en-6α-ol
Norlevorphanol	(-)3-Hydroxymorphinan	(9R,13R,14R)-Morphinan-3-ol
Normorphin	Desmethylmorphin	4,5α-Epoxymorphin-7-en-3,6α-diol
Norpipanon	-	4,4-Diphenyl-6-piperidinohexan-3-on
-	Parahexyl	3-Hexyl-6,6,9-trimethyl-7,8,9,10-tetrahydro-6H-benzo[c]chromen-1-ol
-	PCPr	(1-Phenylcyclohexyl)(propyl)azan
-	Pentylon	1-(1,3-Benzodioxol-5-yl)-2-

	(bk-MBDP)	(methylamino)pentan-1-on
Phenadoxon	-	6-Morpholino-4,4-diphenyl-heptan-3-on
Phenampromid	-	N-Phenyl-N-(1-piperidinopropan-2-yl)propanamid
Phenazocin	-	6,11-Dimethyl-3-phenethyl-1,2,3,4,5,6-hexahydro-2,6-methano-3-benzazocin-8-ol
Phencyclidin	PCP	1-(1-Phenylcyclohexyl)piperidin
-	Phenethylphenylacetoxypiperidin (PEPAP)	(1-Phenethyl-4-phenyl-4-piperidyl)acetat
-	Phenethylphenyltetrahydropyridin (PEPTP)	1-Phenethyl-4-phenyl-1,2,3,6-tetrahydropyridin
Phenpromethamin	1-Methylamino-2-phenyl-propan (PPMA)	(Methyl)(2-phenylpropyl)azan
Phenomorphan	-	17-Phenethylmorphinan-3-ol
Phenoperidin	-	Ethyl [1-(3-hydroxy-3-phenyl-propyl)-4-phenylpiperidin-4-carboxylat]
Piminodin	-	Ethyl[1-(3-anilinopropyl)-4-phenylpiperidin-4-carboxylat]
-	PPP	1-Phenyl-2-(pyrrolidin-1-yl)propan-1-on
Proheptazin	-	(1,3-Dimethyl-4-phenylazepan-4-yl)propionat
Properidin	-	Isopropyl(1-methyl-4-phenyl-piperidin-4-

		carboxylat)
-	Psilocin (Psilotsin)	3-(2-Dimethylaminoethyl)indol-4-ol
-	Psilocin-(eth)	3-(2-Diethylaminoethyl)indol-4-ol
Psilocybin	-	[3-(2-Dimethylaminoethyl)indol-4-yl]dihydrogenphosphat
-	Psilocybin-(eth)	[3-(2-Diethylaminoethyl)indol-4-yl]dihydrogenphosphat
-	4-MePPP	2-(Pyrrolidin-1-yl)-1-(p-tolyl)propan-1-on
Racemethorphan	-	(9RS,13RS,14RS)-3-Methoxy-17-methylmorphinan
Rolicyclidin	PHP (PCPy)	1-(1-Phenylcyclohexyl)pyrrolidin
-	**Salvia divinorum** (Pflanzen und Pflanzenteile)	-
Tenamfetamin	Methylendioxyamfetamin (MDA)	(RS)-1-(1,3-Benzodioxol-5-yl)propan-2-ylazan
Tenocyclidin	TCP	1-[1-(2-Thienyl)cyclohexyl]piperidin
	Tetrahydrocannabinole, folgende Isomeren und ihre stereochemischen Varianten:	
-	**Δ6a(10a)-Tetrahydrocannabinol** (Δ6a(10a)-THC)	6,6,9-Trimethyl-3-pentyl-7,8,9,10-tetrahydro-6H-benzo[c]chromen-1-ol
-	**Δ6a-Tetrahydrocannabinol** (Δ6a-THC)	(9R,10aR)-6,6,9-Trimethyl-3-pentyl-8,9,10,10a-tetra-

	Δ7-Tetrahydrocannabinol (Δ7-THC)	hydro-6*H*-benzo[c]chromen-1- ol(6a*R*,9*R*,10a*R*)-6,6,9-Trimethyl-3-pentyl-6a,9,10,10a-tetrahydro-6*H*-benzo[c] chromen-1-ol
-	**Δ8-Tetrahydrocannabinol** (Δ8-THC) **Δ10-Tetrahydrocannabinol** (Δ10-THC)	(6a*R*,10a*R*)-6,6,9-Trimethyl-3-pentyl-6a,7,10,10a-tetra-hydro-6*H*-benzo[c]chromen-1-ol(6a*R*)-6,6,9-Trimethyl-3-pentyl-6a,7,8,9-tetrahydro-6*H*-benzo[c]chromen-1-ol
-	**Δ9(11)-Tetrahydrocannabinol** (Δ9(11)-THC)	(6a*R*,10a*R*)-6,6-Dimethyl-9-methylen-3-pentyl-6a,7,8,9,10,10a-hexahydro-6*H*-benzo[c] chromen-1-ol
-	Thenylfentanyl	*N*-Phenyl-*N*-(1-thenyl-4-piperidyl)propanamid
-	Thienoamfetamin (Thiopropamin)	1-(Thiophen-2-yl)propan-2-amin
-	Thiofentanyl	*N*-Phenyl-*N*-{1-[2-(2-thienyl)ethyl]-4-piperidyl}propanamid
Trimeperidin	-	(1,2,5-Trimethyl-4-phenyl-4-piperidyl)propionat
-	Trimethoxyamfetamin (TMA)	1-(3,4,5-Trimethoxyphenyl)propan-2-ylazan
-	2,4,5-Trimethoxyamfetamin (TMA-2)	1-(2,4,5-Trimethoxyphenyl)propan-2-ylazan
-		

die Ester, Ether und Molekülverbindungen der in dieser Anlage aufgeführten Stoffe, wenn sie nicht in einer anderen Anlage verzeichnet sind und das Bestehen solcher Ester, Ether und Molekülverbindungen möglich ist;

-

die Salze der in dieser Anlage aufgeführten Stoffe, wenn das Bestehen solcher Salze möglich ist;

-

die Zubereitungen der in dieser Anlage aufgeführten Stoffe, wenn sie nicht

a)
   ohne am oder im menschlichen oder tierischen Körper angewendet zu werden, ausschließlich diagnostischen oder analytischen Zwecken dienen und ihr Gehalt an einem oder mehreren Betäubungsmitteln jeweils 0,001 vom Hundert nicht übersteigt oder die Stoffe in den Zubereitungen isotopenmodifiziert oder

b)
   besonders ausgenommen sind;

-

die Stereoisomere der in dieser oder einer anderen Anlage aufgeführten Stoffe, wenn sie als Betäubungsmittel missbräuchlich verwendet werden sollen;

-

Stoffe nach § 2 Absatz 1 Nummer 1 Buchstabe b bis d mit in dieser oder einer anderen Anlage aufgeführten Stoffen sowie die zur Reproduktion oder Gewinnung von Stoffen nach § 2 Absatz 1 Nummer 1 Buchstabe b bis d geeigneten biologischen Materialien, wenn ein Missbrauch zu Rauschzwecken vorgesehen ist.

-

74

Anlage II (zu § 1 Abs. 1)

(verkehrsfähige, aber nicht verschreibungsfähige Betäubungsmittel)

(Fundstelle: BGBI. I 2001, 1187 - 1189;

bzgl. der einzelnen Änderungen vgl. Fußnote)

Spalte 1	enthält die International Nonproprietary Names (INN) der Weltgesundheitsorganisation. Bei der Bezeichnung eines Stoffes hat der INN Vorrang vor allen anderen Bezeichnungen.
Spalte 2	enthält andere nicht geschützte Stoffbezeichnungen (Kurzbezeichnungen oder Trivialnamen). Wenn für einen Stoff kein INN existiert, kann zu seiner eindeutigen Bezeichnung die in dieser Spalte fett gedruckte Bezeichnung verwendet werden. Alle anderen nicht fett gedruckten Bezeichnungen sind wissenschaftlich nicht eindeutig. Sie sind daher in Verbindung mit der Bezeichnung in Spalte 3 zu verwenden.
Spalte 3	enthält die chemische Stoffbezeichnung nach der Nomenklatur der International Union of Pure and Applied Chemistry (IUPAC). Wenn in Spalte 1 oder 2 keine Bezeichnung aufgeführt ist, ist die der Spalte 3 zu verwenden.

INN	andere nicht geschützte oder Trivialnamen	chemische Namen (IUPAC)
-	AB-CHMINACA	N-(1-Amino-3-methyl-1-oxobutan-2-yl)-1-(cyclohexylmethyl)-1H-indazol-3-

-	AB-FUBINACA	carboxamid N-(1-Amino-3-methyl-1-oxobutan-2-yl)-1-[(4-fluorphenyl)methyl]-1H-indazol-3-carboxamid
-	AB-PINACA	N-(1-Amino-3-methyl-1-oxobutan-2-yl)-1-pentyl-1H-indazol-3-carboxamid
-	Acetylfentanyl (Desmethylfentanyl)	N-Phenyl-N-[1-(2-phenylethyl)piperidin-4-yl]acetamid
-	Acryloylfentanyl (Acrylfentanyl, ACF)	N-Phenyl-N-[1-(2-phenylethyl)piperidin-4-yl]prop-3-enamid
-	1-Adamantyl(1-pentyl-1H-indol-3-yl)methanon	(Adamantan-1-yl)(1-pentyl-1H-indol-3-yl)methanon
-	ADB-CHMINACA (MAB-CHMINACA)	N-(1-Amino-3,3-dimethyl-1-oxobutan-2-yl)-1-(cyclohexylmethyl)-1H-indazol-3-carboxamid
-	ADB-FUBINACA	N-(1-Amino-3,3-dimethyl-1-oxobutan-2-yl)-1-[(4-fluorphenyl)methyl]-1H-indazol-3-carboxamid
-	AH-7921	3,4-Dichlor-N-{[1-

	(Doxylam)	(dimethylamino) cyclohexyl]methyl}benza mid
-	AKB-48 (APINACA)	N-(Adamantan-1-yl)-1-pentyl-1H-indazol-3-carboxamid
-	AKB-48F	N-(Adamantan-1-yl)-1-(5-fluorpentyl)-1H-indazol-3-carboxamid
-	Alpha-PVT (α-PVT, alpha-Pyrrolidinopentiothiophenon)	2-(Pyrrolidin-1-yl)-1-(thiophen-2-yl)pentan-1-on
-	AM-694	[1-(5-Fluorpentyl)-1H-indol-3-yl](2-iodphenyl)methanon
-	AM-1220	{1-[(1-Methylpiperidin-2-yl)methyl]-1H-indol-3-yl} (naphthalin-1-yl)methanon
-	AM-1220-Azepan	[1-(1-Methylazepan-3-yl)-1H-indol-3-yl](naphthalin-1-yl)methanon
-	AM-2201	[1-(5-Fluorpentyl)-1H-indol-3-yl] (naphthalin-1-yl)methanon
-	AM-2232	5-[3-(Naphthalin-1-carbonyl)-1H-indol-1-yl]pentannitril
-	AM-2233	(2-Iodphenyl){1-[(1-methylpiperidin-2-yl)methyl]-1H-indol-3-yl}methanon

77

-	AMB-CHMICA (MMB-CHMICA)	Methyl{2-[1-(cyclohexylmethyl)-1H-indol-3-carboxamido]-3-methylbutanoat}
-	AMB-FUBINACA (FUB-AMB)	Methyl(2-{1-[(4-fluorphenyl)methyl]-1H-indazol-3-carboxamid}-3-methylbutanoat)
Amfetaminil	-	(Phenyl)[(1-phenylpropan-2-yl)amino]acetonitril
Amineptin	-	7-(10,11-Dihydro-5H-dibenzo[a,d][7]annulen-5-ylamino)heptansäure
Aminorex	-	5-Phenyl-4,5-dihydro-1,3-oxazol-2-ylazan
-	5-APB	1-(Benzofuran-5-yl)propan-2-amin
-	6-APB	1-(Benzofuran-6-yl)propan-2-amin
-	APICA (SDB-001, 2NE1)	N-(Adamantan-1-yl)-1-pentyl-1H-indol-3-carboxamid
-	BB-22 (QUCHIC)	Chinolin-8-yl[1-(cyclohexylmethyl)-1H-indol-3-carboxylat]
-	Benzylpiperazin (BZP)	1-Benzylpiperazin
-	Buphedron	2-(Methylamino)-1-phenylbutan-1-on
Butalbital	-	5-Allyl-5-isobutylbarbitursäure

-	**Butobarbital**	5-Butyl-5-ethylpyrimidin-2,4,6(1*H*,3*H*,5*H*)-trion
-	Butylon	1-(Benzo[d][1,3]dioxol-5-yl)-2-(methylamino)butan-1-on
-	Butyrfentanyl (Butyrylfentanyl)	*N*-Phenyl-*N*-[1-(2-phenylethyl) piperidin-4-yl]butanamid
Cetobemidon	Ketobemidon	1-[4-(3-Hydroxyphenyl)-1-methyl-4-piperidyl]propan-1-on
-	meta-Chlorphenylpiperazin (m-CPP)	1-(3-Chlorphenyl)piperazin
-	5Cl-AKB-48 (5C-AKB-48, AKB-48Cl, 5Cl-APINACA, 5C-APINACA)	*N*-(Adamantan-1-yl)-1-(5-chlorpentyl)-1*H*-indazol-3-carboxamid
-	5Cl-JWH-018 (JWH-018 N-(5-Chlorpentyl)-Analogon)	[1-(5-Chlorpentyl)-1*H*-indol-3-yl](naphthalin-1-yl)methanon
-	**d-Cocain**	Methyl(3ß-(benzoyloxy)tropan-2alpha-carboxylat)
-	CP 47,497 (*cis*-3-[4-(1,1-Dimethylheptyl)-2-hydroxyphenyl]-cyclohexanol)	5-(1,1-Dimethylheptyl)-2-[(1*RS*,3*SR*)-3-hydroxycyclohexyl]-phenol
-	CP 47,497-C6-Homolog(*cis*-3-[4-(1,1-Dimethylhexyl)-2-hydroxyphenyl]-cyclohexanol)	5-(1,1-Dimethylhexyl)-2-[(1*RS*,3*SR*)-3-hydroxycyclohexyl]-phenol
-	CP 47,497-C8-Homolog(*cis*-3-[4-	5-(1,1-Dimethyloctyl)-2-

	(1,1-Dimethyloctyl)-2-hydroxyphenyl]-cyclohexanol)	[(1*RS*,3*SR*)-3-hydroxycyclohexyl]-phenol
-	CP 47,497-C9-Homolog(*cis*-3-[4-(1,1-Dimethylnonyl)-2-hydroxyphenyl]-cyclohexanol)	5-(1,1-Dimethylnonyl)-2-[(1*RS*,3*SR*)-3-hydroxycyclohexyl]-phenol
Cyclobarbital	-	5-(Cyclohex-1-en-1-yl)-5-ethylpyrimidin-2,4,6(1*H*,3*H*,5*H*)-trion
-	Desoxypipradrol (2-DPMP)	2-(Diphenylmethyl)piperidin
-	**Dextromethadon**	(*S*)-6-Dimethylamino-4,4-diphenylheptan-3-on
Dextromoramid	-	(*S*)-3-Methyl-4-morpholino-2,2-diphenyl-1-(pyrrolidin-1-yl)butan-1-on
Dextropropoxyphen	-	[(2*S*,3*R*)-4-Dimethylamino-3-methyl-1,2-diphenylbutan-2-yl]propionat
-	**Diamorphin**	[(5*R*,6*S*)-4,5-Epoxy-17-methylmorphin-7-en-3,6-diyl]diacetat
-		

sofern es zur Herstellung von Zubereitungen zu medizinischen Zwecken bestimmt ist -

-	Diclazepam (2'-Chlordiazepam)	7-Chlor-5-(2-chlorphenyl)-1-methyl-1,3-dihydro-2*H*-1,4-benzodiazepin-2-on

Difenoxin	-	1-(3-Cyan-3,3-diphenylpropyl)-4-phenylpiperidin-4-carbonsäure

- ausgenommen in Zubereitungen, die ohne einen weiteren Stoff der Anlagen I bis III je abgeteilte Form bis zu 0,5 mg Difenoxin, berechnet als Base, und, bezogen auf diese Menge, mindestens 5 vom Hundert Atropinsulfat enthalten -

-	**Dihydromorphin**	4,5α-Epoxy-17-methylmorphinan-3,6α-diol
-	Dihydrothebain	4,5α-Epoxy-3,6-dimethoxy-17-methylmorphin-6-en
-	Dimethocain (DMC, Larocain)	(3-Diethylamino-2,2-dimethylpropyl)-4-aminobenzoat
-	2,5-Dimethoxy-4-iodamfetamin (DOI)	1-(4-Iod-2,5-dimethoxyphenyl)propan-2-amin
-	3,4-Dimethylmethcathinon (3,4-DMMC)	1-(3,4-Dimethylphenyl)-2-(methylamino)propan-1-on
Diphenoxylat	-	Ethyl[1-(3-cyan-3,3-diphenylpropyl)-4-phenylpiperidin-4-carboxylat]

- ausgenommen in Zubereitungen, die ohne einen weiteren Stoff der Anlagen I bis III bis zu 0,25 vom Hundert oder je abgeteilte Form bis zu 2,5 mg Diphenoxylat, berechnet als Base, und, bezogen auf diese Mengen,

81

mindestens 1 vom Hundert Atropinsulfat enthalten -

-	4,4'-DMAR (para-Methyl-4-methylaminorex)	4-Methyl-5-(4-methylphenyl)-4,5-dihydro-1,3-oxazol-2-amin
-	EAM-2201 (5-Fluor-JWH-210)	(4-Ethylnaphthalin-1-yl)[1-(5-fluorpentyl)-1*H*-indol-3-yl]methanon
-	**Ecgonin**	3ß-Hydroxytropan-2ß-carbonsäure
-	**Erythroxylum coca** (Pflanzen und Pflanzenteile der zur Art Erythroxylum coca - einschließlich der Varietäten bolivianum, spruceanum und novogranatense - gehörenden Pflanzen)	-
-	Ethcathinon	(*RS*)-2-(Ethylamino)-1-phenylpropan-1-on
Ethchlorvynol	-	1-Chlor-3-ethylpent-1-en-4-in-3-ol
Ethinamat	-	(1-Ethinylcyclohexyl)carbamat
-	**3-O-Ethylmorphin** (Ethylmorphin)	4,5α-Epoxy-3-ethoxy-17-methylmorphin-7-en-6α-ol
-		

ausgenommen in Zubereitungen, die ohne einen weiteren Stoff der Anlagen I bis III bis zu 2,5 vom Hundert oder je abgeteilte Form bis zu 100 mg Ethylmorphin, berechnet als Base, enthalten -

-	Ethylphenidat	Ethyl[2-(phenyl)-2-

		(piperidin-2-yl) acetat]
Etilamfetamin	N-Ethylamphetamin	(Ethyl)(1-phenylpropan-2-yl)azan
-	5F-ABICA (5F-AMBICA, 5-Fluor-ABICA, 5-Fluor-AMBICA)	N-(1-Amino-3-methyl-1-oxobutan-2-yl)-1-(5-fluorpentyl)-1H-indol-3-carboxamid
-	5F-AB-PINACA (5-Fluor-AB-PINACA)	N-(1-Amino-3-methyl-1-oxobutan-2-yl)-1-(5-fluorpentyl)-1H-indazol-3-carboxamid
-	5F-ADB (5F-MDMB-PINACA)	Methyl{2-[1-(5-fluorpentyl)-1H-indazol-3-carboxamid]-3,3-dimethylbutanoat}
-	5F-AMB (5-Fluor-AMB)	Methyl{2-[1-(5-fluorpentyl)-1H-indazol-3-carboxamido]-3-methylbutanoat}
-	FDU-PB-22	Naphthalin-1-yl{1[(4-fluorphenyl)methyl]-1H-indol-3-carboxylat}
Fencamfamin	-	N-Ethyl-3-phenylbicyclo[2.2.1]heptan-2-amin
-	Flephedron (4-Fluormethcathinon, 4-FMC)	1-(4-Fluorphenyl)-2-(methylamino)propan-1-on
-	Flubromazepam	7-Brom-5-(2-fluorphenyl)-1,3-dihydro-2H-1,4-benzodiazepin-2-on

-	4-Fluormethamfetamin (4-FMA)	1-(4-Fluorphenyl)-N-methylpropan-2-amin
-	3-Fluormethcathinon (3-FMC)	1-(3-Fluorphenyl)-2-(methylamino)propan-1-on
-	5-Fluorpentyl-JWH-122 (MAM-2201)	[1-(5-Fluorpentyl)-1*H*-indol-3-yl] (4-methylnaphthalin-1-yl)methanon
-	p-Fluorphenylpiperazin (p-FPP)	1-(4-Fluorphenyl)piperazin
-	4-Fluortropacocain	3-(4-Fluorbenzoyloxy)tropan
-	5-Fluor-UR-144 (XLR-11)	[1-(5-Fluorpentyl)-1*H*-indol-3-yl] (2,2,3,3-tetramethylcyclopropyl)methanon
-	5F-MN-18 (AM-2201 Indazolcarboxamid-Analogon)	1-(5-Fluorpentyl)-*N*-1-(naphthalin-1-yl)-1*H*-indazol-3-carboxamid
-	5F-PB-22 (5F-QUPIC)	Chinolin-8-yl[1-(5-fluorpentyl)indol-3-carboxylat]
-	5F-SDB-006	*N*-Benzyl-1-(5-fluorpentyl)-1*H*-indol-3-carboxamid
-	FUB-PB-22	Chinolin-8-yl{1-[(4-fluorphenyl)methyl]-1*H*-indol-3-carboxylat}
-	Furanylfentanyl (FU-F)	*N*-Phenyl-*N*-[1-(2-phenylethyl)piperidin-4-yl]furan-2-

		carboxamid
Glutethimid	-	3-Ethyl-3-phenylpiperidin-2,6-dion
-	**Isocodein**	4,5α-Epoxy-3-methoxy-17-methylmorphin-7-en-6ß-ol
Isomethadon	-	6-Dimethylamino-5-methyl-4,4-diphenylhexan-3-on
-	JWH-007	(2-Methyl-1-pentyl-1*H*-indol-3-yl)(naphthalin-1-yl)methanon
-	JWH-015	(2-Methyl-1-propyl-1*H*-indol-3-yl)(naphthalin-1-yl)methanon
-	JWH-018 (1-Pentyl-3-(1-naphthoyl)indol)	(Naphthalin-1-yl)(1-pentyl-1*H*-indol-3-yl)methanon
-	JWH-019 (1-Hexyl-3-(1-naphthoyl)indol)	(Naphthalin-1-yl)(1-hexyl-1*H*-indol-3-yl)methanon
-	JWH-073 (1-Butyl-3-(1-naphthoyl)indol)	(Naphthalin-1-yl)(1-butyl-1*H*-indol-3-yl)methanon
-	JWH-081	(4-Methoxynaphthalin-1-yl)(1-pentyl-1*H*-indol-3-yl)methanon
-	JWH-122	(4-Methylnaphthalin-1-yl)(1-pentyl-1*H*-indol-3-yl)methanon
-	JWH-200	[1-(2-Morpholinoethyl)-1*H*-indol-3-yl](naphthalin-1-yl)methanon

-	JWH-203	2-(2-Chlorphenyl)-1-(1-pentyl-1*H*-indol-3-yl)ethanon
-	JWH-210	(4-Ethylnaphthalin-1-yl)(1-pentyl-1*H*-indol-3-yl)methanon
-	JWH-250 (1-Pentyl-3-(2-methoxy-phenylacetyl)indol)	2-(2-Methoxyphenyl)-1-(1-pentyl-1*H*-indol-3-yl)ethanon
-	JWH-251	2-(2-Methylphenyl)-1-(1-pentyl-1*H*-indol-3-yl)ethanon
-	JWH-307	[5-(2-Fluorphenyl)-1-pentyl-1*H*-pyrrol-3-yl](naphthalin-1-yl)methanon
Levamfetamin	Levamphetamin	(*R*)-1-Phenylpropan-2-ylazan
-	Levmetamfetamin (Levometamfetamin)	(*R*)-(Methyl)(1-phenylpropan-2-yl)azan
Levomoramid	-	(*R*)-3-Methyl-4-morpholino-2,2-diphenyl-1-(pyrrolidin-1-yl)butan-1-on
Levorphanol	-	(9*R*,13*R*,14*R*)-17-Methylmorphinan-3-ol
Mazindol	-	5-(4-Chlorphenyl)-2,5-dihydro-3*H*-imidazol[2,1-a]isoindol-5-ol
-	MDMB-CHMCZCA (EGMB-CHMINACA)	Methyl{2-[9-(cyclohexylmethyl)-9*H*-carbazol-3-

		carboxamido]-3,3-dimethylbutanoat}
-	MDMB-CHMICA	Methyl{2-[1-(cyclohexylmethyl)-1H-indol-3-carboxamido]-3,3-dimethylbutanoat}
Mefenorex	-	3-Chlor-N-(1-phenylpropan-2-yl)propan-1-amin
Meprobamat	-	(2-Methyl-2-propylpropan-1,3-diyl)dicarbamat
Mesocarb	-	(Phenylcarbamoyl)[3-(1-phenylpropan-2-yl)-1,2,3-oxadiazol-3-ium-5-yl]azanid
Metamfetamin	Methamphetamin	(2S)-N-Methyl-1-phenylpropan-2-amin
(RS)-Metamfetamin	Metamfetaminracemat	(RS)-(Methyl)(1-phenylpropan-2-yl)azan
-	Methadon-Zwischenprodukt (Premethadon)	4-Dimethylamino-2,2-diphenylpentannitril
Methaqualon	-	2-Methyl-3-(2-methylphenyl)chinazolin-4(3H)-on
-	Methedron (4-Methoxymethcathinon, PMMC)	1-(4-Methoxyphenyl)-2-(methylamino)propan-1-on
-	p-Methoxyethylamfetamin (PMEA)	N-Ethyl-1-(4-methoxyphenyl)propan-2-amin
-	3-Methoxyphencyclidin	1-[1-(3-

	(3-MeO-PCP)	Methoxyphenyl)cyclohexyl] piperidin
-	4-Methylamfetamin	1-(4-Methylphenyl)propan-2-amin
-	Methylbenzylpiperazin (MBZP)	1-Benzyl-4-methylpiperazin
-	3,4-Methylendioxypyrovaleron (MDPV)	1-(Benzo[d][1,3]dioxol-5-yl)-2-(pyrrolidin-1-yl)pentan-1-on
-	4-Methylethcathinon (4-MEC)	2-(Ethylamino)-1-(4-methylphenyl)propan-1-on
-	Methylon (3,4-Methylendioxy-N-methcathinon, MDMC)	1-(Benzo[d][1,3]dioxol-5-yl)-2-(methylamino)propan-1-on
(RS;SR)-Methylphenidat	-	Methyl[(RS;SR)(phenyl)(2-piperidyl)acetat]
Methyprylon	-	3,3-Diethyl-5-methylpiperidin-2,4-dion
-	MMB-2201 (5F-AMB-PICA, 5F-MMB-PICA)	Methyl{2-[1-(5-fluorpentyl)-1H-indol-3-carboxamido]-3-methylbutanoat}
-	**Mohnstrohkonzentrat** (das bei der Verarbeitung von Pflanzen und Pflanzenteilen der Art Papaver somniferum zur Konzentrierung der Alkaloide anfallende Material)	-
-	Moramid-Zwischenprodukt	3-Methyl-4-morpholino-

88

	(Premoramid)	2,2-diphenylbutansäure
-	MT-45	1-Cyclohexyl-4-(1,2-diphenylethyl)piperazin
-	Naphyron (Naphthylpyrovaleron)	1-(Naphthalin-2-yl)-2-(pyrrolidin-1-yl)pentan-1-on
-	NE-CHMIMO (JWH-018 N-(Cyclohexylmethyl)-Analogon)	[1-(Cyclohexylmethyl)-1H-indol-3-yl](naphthalin-1-yl)methanon
Nicocodin	6-Nicotinoylcodein	(4,5α-Epoxy-3-methoxy-17-methylmorphin-7-en-6α-yl)nicotinat
Nicodicodin	6-Nicotinoyldihydrocodein	(4,5α-Epoxy-3-methoxy-17-methylmorphinan-6α-yl)nicotinat
-	Oripavin	4,5α-Epoxy-6-methoxy-17-methylmorphina-6,8-dien-3-ol
-	NM-2201 (CBL-2201)	Naphthalin-1-yl[1-(5-fluorpentyl)-1H-indol-3-carboxylat]
Oxymorphon	14-Hydroxydihydromorphinon	4,5α-Epoxy-3,14-dihydroxy-17-methylmorphinan-6-on
-	**Papaver bracteatum** (Pflanzen und Pflanzenteile, ausgenommen die Samen, der zur Art Papaver bracteatum gehörenden Pflanzen)	-
-		

ausgenommen zu Zierzwecken -

-	PB-22 (QUPIC)	Chinolin-8-yl(1-pentylindol-3-carboxylat)
-	Pentedron	2-(Methylamino)-1-phenylpentan-1-on
-	Pethidin-Zwischenprodukt A (Prepethidin)	1-Methyl-4-phenylpiperidin-4-carbonitril
-	Pethidin-Zwischenprodukt B (Norpethidin)	Ethyl(4-phenylpiperidin-4-carboxylat)
-	Pethidin-Zwischenprodukt C (Pethidinsäure)	1-Methyl-4-phenylpiperidin-4-carbonsäure
Phendimetrazin	-	(2S,3S)-3,4-Dimethyl-2-phenylmorpholin
Phenmetrazin	-	3-Methyl-2-phenylmorpholin
Pholcodin	Morpholinylethylmorphin	4,5α-Epoxy-17-methyl-3-(2-morpholinoethoxy)morphin-7-en-6α-ol

-

ausgenommen in Zubereitungen, die ohne einen weiteren Stoff der Anlagen I bis III als Lösung bis zu 0,15 vom Hundert, je Packungseinheit jedoch nicht mehr als 150 mg, oder je abgeteilte Form bis zu 20 mg Pholcodin, berechnet als Base, enthalten -

Propiram	-	N-(1-Piperidinopropan-2-yl)-N-(2-pyridyl)propanamid
Pyrovaleron	-	2-(Pyrrolidin-1-yl)-1-(p-tolyl)pentan-1-on
-	α-Pyrrolidinovalerophenon (α-	1-Phenyl-2-(pyrrolidin-1-

	PVP)	yl)pentan-1-on
Racemoramid	-	(*RS*)-3-Methyl-4-morpholino-2,2-diphenyl-1-(pyrrolidin-1-yl)butan-1-on
Racemorphan	-	(9*RS*,13*RS*,14*RS*)-17-Methylmorphinan-3-ol
-	RCS-4	(4-Methoxyphenyl)(1-pentyl-1*H*-indol-3-yl)methanon
-	RCS-4 ortho-Isomer (o-RCS-4)	(2-Methoxyphenyl)(1-pentyl-1*H*-indol-3-yl)methanon
-	SDB-006	*N*-Benzyl-1-pentyl-1*H*-indol-3-carboxamid
Secbutabarbital	Butabarbital	5-(Butan-2-yl)-5-ethylpyrimidin-2,4,6(1*H*,3*H*,5*H*)-trion
-	STS-135 (5F-2NE1)	*N*-(Adamantan-1-yl)-1-(5-fluorpentyl)-1*H*-indol-3-carboxamid
-	**Δ9-Tetrahydrocannabinol** (Δ9-THC)	6,6,9-Trimethyl-3-pentyl-6a,7,8,10a-tetrahydro-6*H*-benzo[c]chromen-1-ol
-	**Tetrahydrothebain**	4,5α-Epoxy-3,6-dimethoxy-17-methylmorphinan
Thebacon	Acetyldihydrocodeinon	(4,5α-Epoxy-3-methoxy-17-methylmorphin-6-en-6-yl)acetat
-	**Thebain**	4,5α-Epoxy-3,6-

		dimethoxy-17-methylmorphina-6,8-dien
-	THJ-018 (JWH-018 Indazol-Analogon)	(Naphthalin-1-yl)(1-pentyl-1*H*-indazol-3-yl)methanon
-	THJ-2201 (AM-2201 Indazol-Analogon)	[1-(5-Fluorpentyl)-1*H*-indazol-3-yl] (naphthalin-1-yl)methanon
cis-Tilidin	-	Ethyl[(1*RS*,2*RS*)-2-dimethylamino-1-phenylcyclohex-3-encarboxylat]
-	3-Trifluormethylphenylpiperazin (TFMPP)	1-[3-(Trifluormethyl)phenyl]piperazin
-	U-47700	3,4-Dichlor-*N*-[2-(dimethylamino)cyclohexyl]-*N*-methylbenzamid
-	UR-144	(1-Pentyl-1*H*-indol-3-yl)(2,2,3,3-tetramethylcyclopropyl)methanon
Vinylbital	-	5-Ethenyl-5-(pentan-2-yl)pyrimidin-2,4,6(1*H*,3*H*,5*H*)-trion
Zipeprol	-	1-Methoxy-3-[4-(2-methoxy-2-phenylethyl)piperazin-1-yl]-1-phenylpropan-2-ol
-		

die Ester, Ether und Molekülverbindungen der in dieser Anlage sowie die Ester und Ether der in Anlage III aufgeführten Stoffe, ausgenommen gamma-Hydroxybuttersäure (GHB), wenn sie nicht in einer anderen Anlage verzeichnet sind und das Bestehen solcher Ester, Ether und Molekülverbindungen möglich ist;

-

die Salze der in dieser Anlage aufgeführten Stoffe, wenn das Bestehen solcher Salze möglich ist, sowie die Salze und Molekülverbindungen der in Anlage III aufgeführten Stoffe, wenn das Bestehen solcher Salze und Molekülverbindungen möglich ist und sie nicht ärztlich, zahnärztlich oder tierärztlich angewendet werden;

-

die Zubereitungen der in dieser Anlage aufgeführten Stoffe, wenn sie nicht

a)
  ohne am oder im menschlichen oder tierischen Körper angewendet zu werden, ausschließlich diagnostischen oder analytischen Zwecken dienen und ihr Gehalt an einem oder mehreren Betäubungsmitteln, bei Lyophilisaten und entsprechend zu verwendenden Stoffgemischen in der gebrauchsfertigen Lösung, jeweils 0,01 vom Hundert nicht übersteigt oder die Stoffe in den Zubereitungen isotopenmodifiziert oder

b)
  besonders ausgenommen sind.

-

Anlage III (zu § 1 Abs. 1)

verkehrsfähige und verschreibungsfähige Betäubungsmittel

(Fundstelle: BGBl. I 2001, 1189 - 1195;

bzgl. der einzelnen Änderungen vgl. Fußnote)

Spalte 1	enthält die International Nonproprietary Names (INN) der Weltgesundheitsorganisation. Bei der Bezeichnung eines Stoffes hat der INN Vorrang vor allen anderen Bezeichnungen.
Spalte 2	enthält andere nicht geschützte Stoffbezeichnungen (Kurzbezeichnungen oder Trivialnamen). Wenn für einen Stoff kein INN existiert, kann zu seiner eindeutigen Bezeichnung die in dieser Spalte fett gedruckte Bezeichnung verwendet werden. Alle anderen nicht fett gedruckten Bezeichnungen sind wissenschaftlich nicht eindeutig. Sie sind daher in Verbindung mit der Bezeichnung in Spalte 3 zu verwenden.
Spalte 3	enthält die chemische Stoffbezeichnung nach der Nomenklatur der International Union of Pure and Applied Chemistry (IUPAC). Wenn in Spalte 1 oder 2 keine Bezeichnung aufgeführt ist, ist die der Spalte 3 zu verwenden.

INN	andere nicht geschützte oder Trivialnamen	chemische Namen (IUPAC)
Alfentanil	-	*N*-{1-[2-(4-Ethyl-5-oxo-4,5-dihydro-1*H*-tetrazol-1-yl)ethyl]-4-methoxymethyl-4-piperidyl}-*N*-phenylpropanamid
Allobarbital	-	5,5-Diallylbarbitursäure
Alprazolam	-	8-Chlor-1-methyl-6-phenyl-4*H*-[1,2,4]triazolo[4,3-a][1,4]benzodiazepin

-

ausgenommen in Zubereitungen, die ohne einen weiteren Stoff der Anlagen

I bis III je abgeteilte Form bis zu 1 mg Alprazolam enthalten -

Amfepramon Diethylpropion 2-Diethylamino-1-

phenylpropan-1-on

-

ausgenommen in Zubereitungen ohne verzögerte Wirkstofffreigabe, die ohne einen weiteren Stoff der Anlagen I bis III je abgeteilte Form bis zu 22 mg, und in Zubereitungen mit verzögerter Wirkstofffreigabe, die ohne einen weiteren Stoff der Anlagen I bis III je abgeteilte Form bis zu 64 mg Amfepramon, berechnet als Base, enthalten -

Amfetamin Amphetamin (*RS*)-1-Phenylpropan-2-

ylazan

Amobarbital - 5-Ethyl-5-

isopentylbarbitursäure

Barbital - 5,5-Diethylbarbitursäure

-

ausgenommen in Zubereitungen, die

a)

ohne einen weiteren Stoff der Anlagen I bis III bis zu 10 vom Hundert oder

b)

ohne am oder im menschlichen oder tierischen Körper angewendet zu werden, ausschließlich diagnostischen oder analytischen Zwecken dienen und ohne einen weiteren Stoff der Anlagen I bis III je Packungseinheit nicht mehr als 25 g Barbital, berechnet als Säure, enthalten -

Bromazepam - 7-Brom-5-(2-pyridyl)-1,3-

dihydro-2*H*-1,4-

benzodiazepin-2-on

-

ausgenommen in Zubereitungen, die ohne einen weiteren Stoff der Anlagen I bis III je abgeteilte Form bis zu 6 mg Bromazepam enthalten -

Brotizolam - 2-Brom-4-(2-

chlorphenyl)-9-methyl-

6*H*-thieno[3,2-f]

[1,2,4]triazolo[4,3-a]
[1,4]diazepin

-

ausgenommen in Zubereitungen, die ohne einen weiteren Stoff der Anlagen
I bis III bis zu 0,02 vom Hundert oder je abgeteilte Form bis zu 0,25 mg
Brotizolam enthalten -

Buprenorphi -
n

(5*R*,6*R*,7*R*,14*S*)-17-
Cyclopropyl-methyl-4,5-
epoxy-7-[(*S*)-2-hydroxy-
3,3-dimethylbutan-2-yl]-
6-methoxy-6,14-
ethanomorphinan-3-ol

Camazepam -

(7-Chlor-1-methyl-2-oxo-
5-phenyl-2,3-dihydro-1*H*-
1,4-enzodiazepin-3-yl)
(dimethylcarbamat)

- Cannabis -
(Marihuana, Pflanzen und Pflanzenteile der zur Gattung Cannabis
gehörenden Pflanzen)

- nur aus einem Anbau, der zu medizinischen Zwecken unter staatlicher Kontrolle
gemäß den Artikeln 23 und 28 Absatz 1 des Einheits-Übereinkommens von 1961
über Suchtstoffe erfolgt, sowie in Zubereitungen, die als Fertigarzneimittel
zugelassen sind -

Cathin (+)-Norpseudoephedrin (D-
Norpseudoephedrin)

(1*S*,2*S*)-2-Amino-1-
phenylpropan-1-ol

-

ausgenommen in Zubereitungen, die ohne einen weiteren Stoff der Anlagen
I bis III bis zu 5 vom Hundert als Lösung, jedoch nicht mehr als 1 600 mg je
Packungseinheit oder je abgeteilte Form bis zu 40 mg Cathin, berechnet als
Base, enthalten -

Chlordiazepo -

7-Chlor-2-methylamino-

xid   5-phenyl-3*H*-1,4-
                                           benzodiazepin-4-oxid

-

ausgenommen in Zubereitungen, die ohne einen weiteren Stoff der Anlagen
I bis III je abgeteilte Form bis zu 25 mg Chlordiazepoxid enthalten -

Clobazam   -   7-Chlor-1-methyl-5-
                                           phenyl-1,3-dihydro-2*H*-
                                           1,5-benzodiazepin-
                                           2,4(5*H*)-dion

-

ausgenommen in Zubereitungen, die ohne einen weiteren Stoff der Anlagen
I bis III je abgeteilte Form bis zu 30 mg Clobazam enthalten -

Clonazepam   -   5-(2-Chlorphenyl)-7-nitro-
                                           1,3-dihydro-2*H*-1,4-
                                           benzodiazepin-2-on

-

ausgenommen in Zubereitungen, die ohne einen weiteren Stoff der Anlagen
I bis III bis zu 0,25 vom Hundert als Tropflösung, jedoch nicht mehr als 250
mg je Packungseinheit oder je abgeteilte Form bis zu 2 mg Clonazepam
enthalten -

Clorazepat   -   (*RS*)-7-Chlor-2-oxo-5-
                                           phenyl-2,3-dihydro-1*H*-
                                           1,4-benzodiazepin-3-
                                           carbonsäure

-

ausgenommen in Zubereitungen, die ohne einen weiteren Stoff der Anlagen
I bis III je abgeteilte Form bis zu 50 mg, als Trockensubstanz nur zur
parenteralen Anwendung bis zu 100 mg, Clorazepat als Dikaliumsalz
enthalten -

Clotiazepam   -   5-(2-Chlorphenyl)-7-
                                           ethyl-1-methyl-1,3-
                                           dihydro-2*H*-thieno[2,3-e]

97

[1,4]diazepin-2-on

-

ausgenommen in Zubereitungen, die ohne einen weiteren Stoff der Anlagen
I bis III je abgeteilte Form bis zu 20 mg Clotiazepam enthalten -

Cloxazolam   -   10-Chlor-11b-(2-
                                                             chlorphenyl)-2,3,7,11b-
                                                             tetrahydro[1,3]oxazolo[3,
                                                             2-d][1,4]benzodiazepin-
                                                             6(5*H*)-on

-         **Cocain** (Benzoylecgoninmethylester)   Methyl[3ß-
                                                             (benzoyloxy)tropan-2ß-
                                                             carboxylat]

-         **Codein** (3-Methylmorphin)   4,5α-Epoxy-3-methoxy-
                                                             17-methylmorphin-7-en-
                                                             6α-ol

-

ausgenommen in Zubereitungen, die ohne einen weiteren Stoff der Anlagen
I bis III bis zu 2,5 vom Hundert oder je abgeteilte Form bis zu 100 mg
Codein, berechnet als Base, enthalten. Für ausgenommene Zubereitungen,
die für betäubungsmittel- oder alkoholabhängige Personen verschrieben
werden, gelten jedoch die Vorschriften über das Verschreiben und die
Abgabe von Betäubungsmitteln. -

Delorazepam -   7-Chlor-5-(2-
                                                             chlorphenyl)-1,3-dihydro-
                                                             2*H*-1,4-benzodiazepin-2-
                                                             on

Dexamfetami Dexamphetamin   (*S*)-1-Phenylpropan-2-
n   ylazan
Dexmethylphe -   Methyl[(*R,R*)(phenyl)(2-
nidat   piperidyl)acetat]
-         **Diamorphin**   [(5*R*,6*S*)-4,5-Epoxy-17-
                                                             methylmorphin-7-en-3,6-

diyl]diacetat

-

nur in Zubereitungen, die zur Substitutionsbehandlung zugelassen sind -

Diazepam - 7-Chlor-1-methyl-5-phenyl-1,3-dihydro-2*H*-1,4-benzodiazepin-2-on

-

ausgenommen in Zubereitungen, die ohne einen weiteren Stoff der Anlagen I bis III bis zu 1 vom Hundert als Sirup oder Tropflösung, jedoch nicht mehr als 250 mg je Packungseinheit, oder je abgeteilte Form bis zu 10 mg Diazepam enthalten -

Dihydrocodei-n - 4,5α-Epoxy-3-methoxy-17-methylmorphinan-6α-ol

-

ausgenommen in Zubereitungen, die ohne einen weiteren Stoff der Anlagen I bis III bis zu 2,5 vom Hundert oder je abgeteilte Form bis zu 100 mg Dihydrocodein, berechnet als Base, enthalten. Für ausgenommene Zubereitungen, die für betäubungsmittel- oder alkoholabhängige Personen verschrieben werden, gelten jedoch die Vorschriften über das Verschreiben und die Abgabe von Betäubungsmitteln. -

Dronabinol - (6a*R*,10a*R*)-6,6,9-Trimethyl-3-pentyl-6a,7,8,10a-tetrahydro-6*H*-benzo[c]chromen-1-ol

Estazolam - 8-Chlor-6-phenyl-4*H*-[1,2,4]triazolo[4,3-a]benzodiazepin

-

ausgenommen in Zubereitungen, die ohne einen weiteren Stoff der Anlagen I bis III je abgeteilte Form bis zu 2 mg Estazolam enthalten -

Ethylloflazep - Ethyl[7-chlor-5-(2-

at	fluorphenyl)-2-oxo-2,3-dihydro-1*H*-1,4-benzodiazepin-3-carboxylat]
Etizolam -	4-(2-Chlorphenyl)-2-ethyl-9-methyl-6*H*-thieno[3,2-*f*][1,2,4]triazolo[4,3-*a*][1,4]diazepin
Etorphin -	(5*R*,6*R*,7*R*,14*R*)-4,5-Epoxy-7-[(R)-2-hydroxypentan-2-yl]-6-methoxy-17-methyl-6,14-ethenomorphinan-3-ol
Fenetyllin -	1,3-Dimethyl-7-[2-(1-phenylpropan-2-ylamino)ethyl]-3,7-dihydro-2*H*-purin-2,6(1*H*)-dion
Fenproporex -	(*RS*)-3-(1-Phenylpropan-2-ylamino)propannitril
-	

ausgenommen in Zubereitungen, die ohne einen weiteren Stoff der Anlagen I bis III je abgeteilte Form bis zu 11 mg Fenproporex, berechnet als Base, enthalten -

Fentanyl -	*N*-(1-Phenethyl-4-piperidyl)-*N*-phenylpropanamid
Fludiazepam -	7-Chlor-5-(2-fluorphenyl)-1-methyl-1,3-dihydro-2*H*-1,4-benzodiazepin-2-on
Flunitrazepa -	5-(2-Fluorphenyl)-1-

m		methyl-7-nitro-1,3-dihydro-2*H*-1,4-benzodiazepin-2-on
Flurazepam	-	7-Chlor-1-(2-diethylaminoethyl)-5-(2-fluorphenyl)-1,3-dihydro-2*H*-1,4-benzodiazepin-2-on
-		

ausgenommen in Zubereitungen, die ohne einen weiteren Stoff der Anlagen I bis III je abgeteilte Form bis zu 30 mg Flurazepam enthalten -

Halazepam	-	7-Chlor-5-phenyl-1-(2,2,2-trifluorethyl)-1,3-dihydro-2*H*-1,4-benzodiazepin-2-on
-		

ausgenommen in Zubereitungen, die ohne einen weiteren Stoff der Anlagen I bis III je abgeteilte Form bis zu 120 mg Halazepam enthalten -

Haloxazolam	-	10-Brom-11b-(2-fluorphenyl)-2,3,7,11b-tetrahydro[1,3]oxazolo[3,2-d][1,4]benzodiazepin-6(5*H*)-on
Hydrocodon	Dihydrocodeinon	4,5α-Epoxy-3-methoxy-17-methylmorphinan-6-on
Hydromorph on	Dihydromorphinon	4,5α-Epoxy-3-hydroxy-17-methylmorphinan-6-on
-	γ-Hydroxybuttersäure (GHB)	4-Hydroxybutansäure
-		

ausgenommen in Zubereitungen zur Injektion, die ohne einen weiteren Stoff

der Anlagen I bis III bis zu 20 vom Hundert und je abgeteilte Form bis zu 2 g
Gamma-Hydroxybuttersäure, berechnet als Säure, enthalten -

Ketazolam - 11-Chlor-2,8-dimethyl-
12b-phenyl-8,12b-
dihydro-4*H*-
[1,3]oxazino[(3,2-d]
[1,4]benzodiazepin-
4,7(6*H*)-dion

-

ausgenommen in Zubereitungen, die ohne einen weiteren Stoff der Anlagen
I bis III je abgeteilte Form bis zu 45 mg Ketazolam enthalten -

Levacetylmet Levomethadylacetat (LAAM) [(3*S*,6*S*)-6-
hadol Dimethylamino-4,4-
diphenylheptan-3-
yl]acetat

Levomethado - (*R*)-6-Dimethylamino-4,4-
n diphenylheptan-3-on
Lisdexamfeta - (2*S*)-2,6-Diamino-*N*-
min [(2*S*)-1-phenylpropan-2-
yl]hexanamid

Loprazolam - 6-(2-Chlorphenyl)-2-[(Z)-
4-methylpiperazin-1-
ylmethylen]-8-nitro-2,4-
dihydro-1*H*-imidazo[1,2-
a][1,4]benzodiazepin-1-
on

-

ausgenommen in Zubereitungen, die ohne einen weiteren Stoff der Anlagen
I bis III je abgeteilte Form bis zu 2,5 mg Loprazolam enthalten -

Lorazepam - (*RS*)-7-Chlor-5-(2-
chlorphenyl)-3-hydroxy-
1,3-dihydro-2*H*-1,4-

benzodiazepin-2-on

- ausgenommen in Zubereitungen, die ohne einen weiteren Stoff der Anlagen I bis III je abgeteilte Form bis zu 2,5 mg Lorazepam enthalten -

Lormetazepam - 7-Chlor-5-(2-chlorphenyl)-3-hydroxy-1-methyl-1,3-dihydro-2*H*-1,4-benzodiazepin-2-on

- ausgenommen in Zubereitungen, die ohne einen weiteren Stoff der Anlagen I bis III je abgeteilte Form bis zu 2 mg Lormetazepam enthalten -

Medazepam - 7-Chlor-1-methyl-5-phenyl-2,3-dihydro-1*H*-1,4-benzodiazepin

- ausgenommen in Zubereitungen, die ohne einen weiteren Stoff der Anlagen I bis III je abgeteilte Form bis zu 10 mg Medazepam enthalten -

Methadon - (*RS*)-6-Dimethylamino-4,4-diphenylheptan-3-on

Methylphenidat - Methyl[(*RS;RS*)(phenyl)(2-piperidyl)acetat]

Methylphenobarbital Mephobarbital (*RS*)-5-Ethyl-1-methyl-5-phenyl-barbitursäure

- ausgenommen in Zubereitungen, die ohne einen weiteren Stoff der Anlagen I bis III je abgeteilte Form bis zu 200 mg Methylphenobarbital, berechnet als Säure, enthalten -

Midazolam - 8-Chlor-6-(2-fluorphenyl)-1-methyl-4*H*-imidazo[1,5-a][1,4]benzodiazepin

- ausgenommen in Zubereitungen, die ohne einen weiteren Stoff der Anlagen

103

I bis III bis zu 0,2 vom Hundert oder je abgeteilte Form bis zu 15 mg
Midazolam enthalten -

- **Morphin**	(5*R*,6*S*)-4,5-Epoxy-17-methyl-morphin-7-en-3,6-diol
Nabilon -	(6a*RS*,10a*RS*)-1-Hydroxy-6,6-dimethyl-3-(2-methyloctan-2-yl)-6,6a,7,8,10,10a-hexahydro-9*H*-benzo[c]chromen-9-on
Nimetazepam -	1-Methyl-7-nitro-5-phenyl-1,3-dihydro-2*H*-1,4-benzodiazepin-2-on
Nitrazepam -	7-Nitro-5-phenyl-1,3-dihydro-2*H*-1,4-benzodiazepin-2-on

-

ausgenommen in Zubereitungen, die ohne einen weiteren Stoff der
Anlagen- I bis III je abgeteilte Form bis zu 0,5 vom Hundert als Tropflösung,
jedoch nicht mehr als 250 mg je Packungseinheit, oder je abgeteilte Form
bis zu 10 mg Nitrazepam enthalten -

Nordazepam -	7-Chlor-5-phenyl-1,3-dihydro-2*H*-1,4-benzodiazepin-2-on

-

ausgenommen in Zubereitungen, die ohne einen weiteren Stoff der Anlagen
I bis III je abgeteilte Form bis zu 0,5 vom Hundert als Tropflösung, jedoch
nicht mehr als 150 mg je Packungseinheit, oder je abgeteilte Form bis zu 15
mg Nordazepam enthalten -

Normethadon -	6-Dimethylamino-4,4-diphenyl-hexan-3-on

- **Opium**   -

   (der geronnene Saft der zur Art

   Papaver somniferum gehörenden

   Pflanzen)

-

ausgenommen in Zubereitungen, die nach einer im homöopathischen Teil
des Arzneibuches beschriebenen Verfahrenstechnik hergestellt sind, wenn
die Endkonzentration die sechste Dezimalpotenz nicht übersteigt -

Oxazepam   -   7-Chlor-3-hydroxy-5-

                                               phenyl-1,3-dihydro-2H-

                                               1,4-benzo-diazepin-2-on

-

ausgenommen in Zubereitungen, die ohne einen weiteren Stoff der Anlagen
I bis III je abgeteilte Form bis zu 50 mg Oxazepam enthalten -

Oxazolam   -   (2RS,11bSR)-10-Chlor-2-

                                               methyl-11b-phenyl-

                                               2,3,7,11b-

                                               tetrahydro[1,3]oxazolo[3,

                                               2-d][1,4]benzodiazepin-

                                               6(5H)-on

-

ausgenommen in Zubereitungen, die ohne einen weiteren Stoff der Anlagen
I bis III je abgeteilte Form bis zu 20 mg Oxazolam enthalten -

Oxycodon   14-Hydroxydihydrocodeinon   4,5α-Epoxy-14-hydroxy-

                                               3-methoxy-17-

                                               methylmorphinan-6-on

- **Papaver somniferum**   -

   (Pflanzen und Pflanzenteile,

   ausgenommen die Samen, der zur Art

   Papaver somniferum (einschließlich der

   Unterart setigerum) gehörenden

105

Pflanzen)

-

ausgenommen, wenn der Verkehr mit ihnen (ausgenommen der Anbau) Zierzwecken dient und wenn im getrockneten Zustand ihr Gehalt an Morphin 0,02 vom Hundert nicht übersteigt; in diesem Fall finden die betäubungsmittelrechtlichen Vorschriften zur Anwendung auf die Einfuhr, Ausfuhr und Durchfuhr -

-

ausgenommen in Zubereitungen, die nach einer im homöopathischen Teil des Arzneibuches beschriebenen Verfahrenstechnik hergestellt sind, wenn die Endkonzentration die vierte Dezimalpotenz nicht übersteigt -

-

ausgenommen in Zubereitungen, die ohne einen weiteren Stoff der Anlagen I bis III bis zu 0,015 vom Hundert Morphin, berechnet als Base, enthalten und die aus einem oder mehreren sonstigen Bestandteilen in der Weise zusammengesetzt sind, dass das Betäubungsmittel nicht durch leicht anwendbare Verfahren oder in einem die öffentliche Gesundheit gefährdenden Ausmaß zurückgewonnen werden kann -

Pemolin   -   2-Imino-5-phenyl-1,3-oxazolidin-4-on

-

ausgenommen in Zubereitungen, die ohne einen weiteren Stoff der Anlagen I bis III je abgeteilte Form bis zu 20 mg Pemolin, berechnet als Base, enthalten -

Pentazocin   -   (2*R*,6*R*,11*R*)-6,11-Dimethyl-3-(3-methylbut-2-en-1-yl)-1,2,3,4,5,6-hexahydro-2,6-methano-3-benzazocin-8-ol

Pentobarbital -   (*RS*)-5-Ethyl-5-(pentan-2-yl)barbitursäure

Pethidin	-	Ethyl(1-methyl-4-phenyl-piperidin-4-carboxylat)
-	Phenazepam	7-Brom-5-(2-chlorphenyl)-1,3-dihydro-2*H*-1,4-benzodiazepin-2-on
Phenobarbita l	-	5-Ethyl-5-phenylbarbitursäure
-		

ausgenommen in Zubereitungen, die ohne einen weiteren Stoff der Anlagen I bis III bis zu 10 vom Hundert oder je abgeteilte Form bis zu 300 mg Phenobarbital, berechnet als Säure, enthalten -

Phentermin	-	2-Benzylpropan-2-ylazan
-		

ausgenommen in Zubereitungen, die ohne einen weiteren Stoff der Anlagen I bis III je abgeteilte Form bis zu 15 mg Phentermin, berechnet als Base, enthalten -

Pinazepam	-	7-Chlor-5-phenyl-1-(prop-2-in1-yl)-1,3-dihydro-2*H*-1,4-benzodiazepin-2-on
Pipradrol	-	Diphenyl(2-piperidyl)methanol
Piritramid	-	1'-(3-Cyan-3,3-diphenylpropyl)[1,4'-bipiperidin]-4'-carboxamid
Prazepam	-	7-Chlor-1-cyclopropylmethyl-5-phenyl-1,3-dihydro-2*H*-1,4-benzodiazepin-2-on
-		

ausgenommen in Zubereitungen, die ohne einen weiteren Stoff der Anlagen
I bis III je abgeteilte Form bis zu 20 mg Prazepam enthalten -

Remifentanil	-	Methyl{3-[4-methoxycarbonyl-4-(*N*-phenylpropanamido)pipe ridino]propanoat}
Secobarbital	-	5-Allyl-5-(pentan-2-yl)barbitursäure
Sufentanil	-	*N*-{4-Methoxymethyl-1-[2-(2-thienyl)ethyl]-4-piperidyl}-*N*-phenylpropanamid
Tapentadol	-	3-[(2*R*,3*R*)-1-Dimethylamino-2-methylpentan-3-yl]phenol
Temazepam	-	(*RS*)-7-Chlor-3-hydroxy-1-methyl-5-phenyl-1,3-dihydro-2*H*-1,4-benzodiazepin-2-on

-

ausgenommen in Zubereitungen, die ohne einen weiteren Stoff der Anlagen
I bis III je abgeteilte Form bis zu 20 mg Temazepam enthalten -

Tetrazepam	-	7-Chlor-5-(cyclohex-1-enyl)-1-methyl-1,3-dihydro-2*H*-1,4-benzodiazepin-2-on

-

ausgenommen in Zubereitungen, die ohne einen weiteren Stoff der Anlagen
I bis III je abgeteilte Form bis zu 100 mg Tetrazepam enthalten -

Tilidin	trans-Tilidin	Ethyl[(1*RS*,2*SR*)-2-dimethyl-amino-1-phenylcyclohex-3-

encarboxylat]

-

ausgenommen in festen Zubereitungen mit verzögerter Wirkstofffreigabe, die ohne einen weiteren Stoff der Anlagen I bis III je abgeteilte Form bis zu 300 mg Tilidin, berechnet als Base, und, bezogen auf diese Menge, mindestens 7,5 vom Hundert Naloxonhydrochlorid enthalten -

Triazolam - 8-Chlor-6-(2-chlorphenyl)-1-methyl-4H-[1,2,4]triazolo[4,3-a][1,4]benzodiazepin

-

ausgenommen in Zubereitungen, die ohne einen weiteren Stoff der Anlagen I bis III je abgeteilte Form bis zu 025 mg Triazolam enthalten -

Zolpidem - N,N-Dimethyl-2-[6-methyl-2-(p-toly)imidazo[1,2-a]pyridin-3-yl]acetamid

-

ausgenommen in Zubereitungen zur oralen Anwendung, die ohne einen weiteren Stoff der Anlagen I bis III je abgeteilte Form bis zu 8,5 mg Zolpidem, berechnet als Base, enthalten -

ohne am oder im menschlichen oder tierischen Körper angewendet zu werden, ausschließlich diagnostischen der analytischen Zwecken dienen und ihr Gehalt an einem oder mehreren Betäubungsmitteln, bei Lyophilisaten und entsprechend zu verwendenden Stoffgemischen in der gebrauchsfertigen Lösung, jeweils 0,01 vom Hundert nicht übersteigt oder die Stoffe in den Zubereitungen isotopenmodifiziert oder

b)

besonders ausgenommen sind. Für ausgenommene Zubereitungen - außer solchen mit Codein oder Dihydrocodein - gelten jedoch die betäubungsmittelrechtlichen Vorschriften über die Einfuhr, Ausfuhr und Durchfuhr. Nach Buchstabe b der Position Barbital ausgenommene Zubereitungen können jedoch ohne Genehmigung nach § 11 des Betäubungsmittelgesetzes ein-, aus- oder durchgeführt werden, wenn nach den Umständen eine missbräuchliche Verwendung nicht zu befürchten ist.

Gesetz zur Überwachung des Verkehrs mit Grundstoffen, die für die unerlaubte Herstellung von Betäubungsmitteln missbraucht werden können (Grundstoffüberwachungsgesetz - GÜG)

-

GÜG

Ausfertigungsdatum: 11.03.2008

"Grundstoffüberwachungsgesetz vom 11. März 2008 (BGBl. I S. 306), das zuletzt durch Artikel 6 Absatz 7 des Gesetzes vom 13. April 2017 (BGBl. I S. 872) geändert worden ist". G ersetzt G 2121-6-26 v. 7.10.1994 I 2835 (GÜG) mWv 19.3.2008. Zuletzt geändert durch Art. 6 Abs. 7 G v. 13.4.2017 I 872.

Fußnote

(+++ Textnachweis ab: 19.3.2008 +++)

Das G wurde als Artikel 1 des G v. 11.3.2008 I 306 vom Bundestag erlassen. Es ist gem. Art. 4 dieses G mWv 19.3.2008 in Kraft getreten.

Abschnitt 1
Allgemeine Vorschriften

-

§ 1 Begriffsbestimmungen

Im Sinne dieses Gesetzes ist

1.

Grundstoff: ein erfasster Stoff im Sinne des Artikels 2 Buchstabe a in Verbindung mit Anhang I der Verordnung (EG) Nr. 273/2004 des Europäischen Parlaments und des Rates vom 11. Februar 2004 betreffend Drogenausgangsstoffe (ABl. EU Nr. L 47 S. 1) in ihrer jeweils geltenden Fassung und des Artikels 2 Buchstabe a in Verbindung mit dem Anhang der Verordnung (EG) Nr. 111/2005 des Rates vom 22. Dezember 2004 zur Festlegung von Vorschriften für die Überwachung des Handels mit Drogenausgangsstoffen zwischen der Gemeinschaft und Drittländern (ABl. EU 2005 Nr. L 22 S. 1, 2006 Nr. L 61 S. 23) in ihrer jeweils geltenden Fassung;

2.

Gemeinschaft: die Europäischen Gemeinschaften;

3.

Drittstaat: ein Staat außerhalb der Gemeinschaft;

4.

Einfuhr: jede Verbringung von Grundstoffen in das Zollgebiet der Gemeinschaft im Sinne des Artikels 2 Buchstabe c der Verordnung (EG) Nr. 111/2005 oder in einen nicht zum Zollgebiet der Gemeinschaft gehörenden Teil des Hoheitsgebietes der Bundesrepublik Deutschland;

5.

Ausfuhr: jede Verbringung von Grundstoffen aus dem Zollgebiet der Gemeinschaft im Sinne des Artikels 2 Buchstabe d der Verordnung (EG) Nr. 111/2005 oder aus einem nicht zum Zollgebiet der Gemeinschaft gehörenden Teil des Hoheitsgebietes der Bundesrepublik Deutschland;

6.

Vermittlungsgeschäft: jede Tätigkeit zur Anbahnung des Ankaufs, des Verkaufs oder der Lieferung von Grundstoffen im Sinne des Artikels 2 Buchstabe e der Verordnung (EG) Nr. 111/2005;

7.

Inverkehrbringen: jede Abgabe von Grundstoffen im Sinne des Artikels 2 Buchstabe c der Verordnung (EG) Nr. 273/2004;

8.

Herstellen: das Gewinnen, Synthetisieren, Anfertigen, Zubereiten, Be- oder Verarbeiten und Umwandeln von Grundstoffen;

9.

Wirtschaftsbeteiligter: eine in Artikel 2 Buchstabe d der Verordnung (EG) Nr. 273/2004 oder in Artikel 2 Buchstabe f der Verordnung (EG) Nr. 111/2005 bezeichnete natürliche oder juristische Person.

-

§ 2 Anwendung der Verordnungen (EG) Nr. 111/2005 und Nr. 1277/2005

Soweit die Verordnung (EG) Nr. 111/2005 und die Verordnung (EG) Nr. 1277/2005 der Kommission vom 27. Juli 2005 mit Durchführungsvorschriften zu der Verordnung (EG) Nr. 273/2004 des Europäischen Parlaments und des Rates betreffend Drogenausgangsstoffe und zur Verordnung (EG) Nr. 111/2005 des Rates zur Festlegung von Vorschriften für die Überwachung des Handels mit Drogenausgangsstoffen zwischen der Gemeinschaft und Drittländern (ABl. EU Nr. L 202 S. 7) in ihrer jeweils geltenden Fassung auf das Zollgebiet der Gemeinschaft Bezug nehmen, sind sie auch auf den nicht zum Zollgebiet der Gemeinschaft gehörenden Teil des Hoheitsgebietes der Bundesrepublik Deutschland anzuwenden.

-

§ 3 Verbote

Es ist verboten, einen Grundstoff, der zur unerlaubten Herstellung von Betäubungsmitteln verwendet werden soll, zu besitzen, herzustellen, mit ihm Handel zu treiben, ihn, ohne Handel zu treiben, einzuführen, auszuführen, durch den oder im Geltungsbereich dieses Gesetzes zu befördern, zu veräußern, abzugeben oder in sonstiger Weise einem anderen die Möglichkeit zu eröffnen, die tatsächliche Verfügung über ihn zu erlangen, zu erwerben oder sich in sonstiger Weise zu verschaffen.

-

§ 4 Allgemeine Vorkehrungen gegen Abzweigung

(1) Wirtschaftsbeteiligte sind verpflichtet, im Rahmen der im Verkehr erforderlichen Sorgfalt Vorkehrungen zu treffen, um eine Abzweigung von Grundstoffen zur unerlaubten Herstellung von Betäubungsmitteln zu verhindern.

(2) Meldungen nach Artikel 8 Abs. 1 der Verordnung (EG) Nr. 273/2004 und Artikel 9 Abs. 1 der Verordnung (EG) Nr. 111/2005 sind an die Gemeinsame Grundstoffüberwachungsstelle nach § 6 zu richten. Mündliche Meldungen sind innerhalb von drei Tagen schriftlich oder elektronisch zu wiederholen. Die übermittelten personenbezogenen Daten dürfen nur verwendet werden, um Straftaten und Ordnungswidrigkeiten nach den §§ 19 und 20, die Abzweigung von Grundstoffen, die für die unerlaubte Herstellung von Betäubungsmitteln verwendet werden können, die unerlaubte Herstellung von Betäubungsmitteln und die mit den zuvor genannten Handlungen in unmittelbarem Zusammenhang stehenden Straftaten, Straftaten nach § 95 des Arzneimittelgesetzes und den §§ 324, 324a, 326, 330 und 330a des Strafgesetzbuchs sowie die in § 100a Abs. 2 der Strafprozessordnung genannten Straftaten zu verhindern und zu verfolgen.

(3) Wer nach Absatz 2 Satz 1 Tatsachen mitteilt, die auf eine Straftat nach § 19 schließen lassen, kann wegen dieser Mitteilung nicht verantwortlich gemacht

werden, es sei denn, die Mitteilung ist vorsätzlich oder grob fahrlässig unrichtig erstattet worden.

Abschnitt 2

Zuständigkeit und Zusammenarbeit der Behörden

-

§ 5 Zuständige Behörden

(1) Das Bundesinstitut für Arzneimittel und Medizinprodukte ist zuständige Behörde

1.

  nach Artikel 3 (Mitteilung des verantwortlichen Beauftragten, Erlaubnis, Registrierung, Gebührenerhebung) und Artikel 8 Abs. 2 (Auskunft über Vorgänge mit erfassten Stoffen) der Verordnung (EG) Nr. 273/2004,

2.

  nach Artikel 6 (Erlaubnis), Artikel 7 Abs. 1 (Registrierung), Artikel 9 Abs. 2 (Auskunft über Ausfuhr-, Einfuhr- und Vermittlungstätigkeiten), Artikel 11 (Vorausfuhrunterrichtung), Artikel 12 Abs. 2, Artikel 13 Abs. 2, Artikel 14 Abs. 1 Unterabs. 1 und den Artikeln 15 bis 19 (Ausfuhrgenehmigung), den Artikeln 20, 21 Abs. 2 und den Artikeln 23 bis 25 (Einfuhrgenehmigung) und Artikel 26 Abs. 5 (Gebührenerhebung) der Verordnung (EG) Nr. 111/2005 und

3.

  nach Artikel 3 (Mitteilung des verantwortlichen Beauftragten), den Artikeln 5, 7 und 8 bis 11 (Erlaubnis), den Artikeln 17 bis 19 (Auskünfte und Meldungen), Artikel 21 (Vorausfuhrunterrichtung), den Artikeln 23, 25, 26 Abs. 2 und Artikel 27 Abs. 1 und 3 (Ausfuhr- und Einfuhrgenehmigung) und Artikel 31 (Widerruf offener Einzelausfuhrgenehmigungen) der Verordnung (EG) Nr. 1277/2005.

(2) Zuständige Behörden für die Überwachung der Ein- und Ausfuhr von Grundstoffen sowie des Warenverkehrs mit diesen Stoffen zwischen den Mitgliedstaaten der Gemeinschaft sind die Zollbehörden.

(3) Benannte Behörden im Sinne des Artikels 11 Abs. 1 und 2 Satz 2 der Verordnung (EG) Nr. 273/2004 und des Artikels 27 Satz 2 der Verordnung (EG) Nr. 111/2005 sind das Bundesinstitut für Arzneimittel und Medizinprodukte, das Zollkriminalamt und die Gemeinsame Grundstoffüberwachungsstelle nach § 6. Für die Entgegennahme von Informationen, einschließlich personenbezogener Daten, die das Erlaubnis- und Genehmigungsverfahren sowie die innerstaatliche Überwachung betreffen, ist das Bundesinstitut für Arzneimittel und Medizinprodukte, für die Entgegennahme von Informationen zur Überwachung der Ein- und Ausfuhr sowie des Warenverkehrs zwischen den Mitgliedstaaten der Gemeinschaft ist das Zollkriminalamt, und für die Entgegennahme von Informationen zu strafrechtlichen und anderen Ermittlungen ist die Gemeinsame Grundstoffüberwachungsstelle nach § 6 zuständig.

-

§ 6 Gemeinsame Grundstoffüberwachungsstelle des Zollkriminalamtes und des Bundeskriminalamtes beim Bundeskriminalamt

(1) Die Gemeinsame Grundstoffüberwachungsstelle des Zollkriminalamtes und des Bundeskriminalamtes ist beim Bundeskriminalamt eingerichtet. Sie nimmt Aufgaben des Zollkriminalamtes und des Bundeskriminalamtes im Bereich der Grundstoffüberwachung wahr. Die Aufgaben der Gemeinsamen Grundstoffüberwachungsstelle sowie die Verteilung der Aufgaben und Zuständigkeiten innerhalb dieser Stelle werden im Einzelnen von dem Bundesministerium des Innern und dem Bundesministerium der Finanzen einvernehmlich festgelegt.

(2) Soweit es zur Verhinderung und Verfolgung der in § 4 Abs. 2 Satz 3 genannten Straftaten und Ordnungswidrigkeiten erforderlich ist, leitet die Gemeinsame Grundstoffüberwachungsstelle Mitteilungen nach § 4 Abs. 2, § 5 Abs. 3 Satz 2 und § 11 Abs. 1 Satz 2 und 3 unverzüglich weiter an

1.

das Bundeskriminalamt zur Erfüllung seiner Aufgaben nach den §§ 2 bis 4 Abs. 1 und 2 des Bundeskriminalamtgesetzes,

2.

das zuständige Landeskriminalamt zur Erfüllung seiner Aufgabe als Zentralstelle und zur Verhinderung und Verfolgung von Straftaten,

3.

das Zollkriminalamt zur Erfüllung seiner Aufgaben nach den §§ 3 und 4 des Zollfahndungsdienstgesetzes oder

4.

das zuständige Zollfahndungsamt zur Verhinderung und Verfolgung von Straftaten und Ordnungswidrigkeiten nach § 24 Abs. 2 des Zollfahndungsdienstgesetzes.

(3) Die Gemeinsame Grundstoffüberwachungsstelle leitet die Mitteilungen nach § 4 Abs. 2 und § 5 Abs. 3 Satz 2 unverzüglich an das Bundesinstitut für Arzneimittel und Medizinprodukte weiter, soweit aus ihrer Sicht die Kenntnis der Daten zur Erfüllung der Aufgaben des Bundesinstituts für Arzneimittel und Medizinprodukte nach diesem Gesetz erforderlich ist.

(4) Im Übrigen darf die Gemeinsame Grundstoffüberwachungsstelle die in den Mitteilungen nach Absatz 2 enthaltenen personenbezogenen Daten nur zu den in § 4 Abs. 2 Satz 3 genannten Zwecken verwenden.

-

§ 7 Mitwirkung der Bundespolizei

Das Bundesministerium der Finanzen kann im Einvernehmen mit dem Bundesministerium des Innern die Beamten der Bundespolizei, die mit Aufgaben des Grenzschutzes nach § 2 des Bundespolizeigesetzes betraut sind, mit der Wahrnehmung von Aufgaben betrauen, die nach § 5 Abs. 2 den Zollbehörden obliegen. In diesem Fall gilt § 67 Abs. 2 des Bundespolizeigesetzes entsprechend.

-

§ 8 Befugnisse der Zollbehörden

Bei Straftaten und Ordnungswidrigkeiten nach den §§ 19 und 20 kann die zuständige Verfolgungsbehörde Ermittlungen (§ 161 Abs. 1 Satz 1 der Strafprozessordnung, § 46 Abs. 1 des Gesetzes über Ordnungswidrigkeiten) auch durch die Hauptzollämter oder die Behörden des Zollfahndungsdienstes und deren Beamte vornehmen lassen. § 21 Absatz 2 bis 4 des Außenwirtschaftsgesetzes gilt entsprechend.

-

§ 9 Daten beim Bundesinstitut für Arzneimittel und Medizinprodukte

(1) Das Bundesinstitut für Arzneimittel und Medizinprodukte darf die in den Meldungen nach den Artikeln 17 und 18 der Verordnung (EG) Nr. 1277/2005 enthaltenen personenbezogenen Daten nur verwenden, um Straftaten nach § 19 zu verhindern und Ordnungswidrigkeiten nach § 20 zu verhindern und zu verfolgen.

(2) Soweit es zur Verhinderung und Verfolgung der in § 4 Abs. 2 Satz 3 genannten Straftaten und Ordnungswidrigkeiten erforderlich ist, darf das Bundesinstitut für Arzneimittel und Medizinprodukte die in den Meldungen nach den Artikeln 17 und 18 der Verordnung (EG) Nr. 1277/2005 enthaltenen personenbezogenen Daten übermitteln an

1.

das Bundeskriminalamt zur Erfüllung seiner Aufgaben nach den §§ 2 bis 4 Abs. 1 und 2 des Bundeskriminalamtgesetzes,

2.

das Zollkriminalamt zur Erfüllung seiner Aufgaben nach den §§ 3 und 4 des Zollfahndungsdienstgesetzes und

3.

die zuständige Zollbehörde zur Erfüllung ihrer Aufgaben nach § 5 Abs. 2 und zur Verhinderung und Verfolgung von Straftaten und Ordnungswidrigkeiten.

§ 10 Automatisierter Datenabruf

(1) Das Zollkriminalamt darf die beim Bundesinstitut für Arzneimittel und Medizinprodukte gespeicherten Daten aus den Meldungen nach Artikel 18 der Verordnung (EG) Nr. 1277/2005, einschließlich personenbezogener Daten, im automatisierten Verfahren abrufen. Das Bundesinstitut für Arzneimittel und Medizinprodukte trifft nach § 9 des Bundesdatenschutzgesetzes dem jeweiligen Stand der Technik entsprechende angemessene Maßnahmen zur Sicherstellung von Datenschutz und Datensicherheit, die insbesondere die Vertraulichkeit, Authentizität und Integrität der Daten gewährleisten. Im Falle der Nutzung allgemein zugänglicher Netze sind dem jeweiligen Stand der Technik entsprechende Verschlüsselungsverfahren anzuwenden.

(2) Für die Festlegungen zur Einrichtung eines automatisierten Abrufverfahrens gilt § 10 Abs. 2 bis 5 des Bundesdatenschutzgesetzes. Das Bundesinstitut für Arzneimittel und Medizinprodukte unterrichtet den Bundesbeauftragten für den Datenschutz und die Informationsfreiheit über die Einrichtung des Abrufverfahrens und die getroffenen Festlegungen.

(3) Das Bundesinstitut für Arzneimittel und Medizinprodukte und das Zollkriminalamt protokollieren die Zeitpunkte der Abrufe, die abgerufenen Daten sowie Angaben, die eine eindeutige Identifizierung der für den Abruf verantwortlichen Person ermöglichen. Die Protokolldaten dürfen ohne Einwilligung des Betroffenen nur für die Kontrolle der Zulässigkeit der Abrufe verwendet werden und sind nach sechs Monaten zu löschen.

§ 11 Gegenseitige Unterrichtung

(1) Sofern tatsächliche Anhaltspunkte für den Verdacht einer Straftat nach § 19 vorliegen, unterrichten die nach § 5 Abs. 2 zuständigen Zollbehörden sowie die

nach § 7 betrauten Beamten der Bundespolizei unverzüglich das Zollkriminalamt zur Erfüllung seiner Aufgaben nach den §§ 3 und 4 des Zollfahndungsdienstgesetzes. Das Zollkriminalamt leitet diese Informationen unter Beachtung des § 30 der Abgabenordnung unbeschadet sonstiger Meldepflichten unverzüglich an die Gemeinsame Grundstoffüberwachungsstelle weiter. Sofern tatsächliche Anhaltspunkte für den Verdacht einer Straftat nach § 19 vorliegen, unterrichten das Bundesinstitut für Arzneimittel und Medizinprodukte und das Bundeskriminalamt unverzüglich die Gemeinsame Grundstoffüberwachungsstelle. Die Gemeinsame Grundstoffüberwachungsstelle darf die nach den Sätzen 2 und 3 übermittelten Informationen nur für die in § 4 Abs. 2 Satz 3 genannten Zwecke einschließlich der Weiterleitung nach § 6 Abs. 2 verwenden.

(2) Das Bundeskriminalamt, die Landeskriminalämter und das Zollkriminalamt übermitteln dem Bundesinstitut für Arzneimittel und Medizinprodukte unverzüglich Erkenntnisse über Tatsachen, einschließlich personenbezogener Daten, die aus ihrer Sicht für Entscheidungen des Bundesinstitutes für Arzneimittel und Medizinprodukte nach diesem Gesetz, der Verordnung (EG) Nr. 273/2004, der Verordnung (EG) Nr. 111/2005 oder der Verordnung (EG) Nr. 1277/2005 erforderlich sind. Eine Übermittlung unterbleibt, wenn sie den Untersuchungszweck gefährden kann oder besondere gesetzliche Verwendungsregelungen entgegenstehen.

(3) Bei Verdacht von Verstößen gegen Vorschriften, Verbote und Beschränkungen dieses Gesetzes, der Verordnung (EG) Nr. 111/2005 oder der Verordnung (EG) Nr. 1277/2005, der sich im Rahmen der Wahrnehmung der Aufgaben nach § 5 Abs. 2 ergibt, unterrichten die Zollbehörden sowie die nach § 7 mitwirkende Bundespolizei unverzüglich das Bundesinstitut für Arzneimittel und Medizinprodukte und das Zollkriminalamt, soweit es für deren Aufgabenerfüllung erforderlich ist.

(4) Das Bundesinstitut für Arzneimittel und Medizinprodukte übermittelt die ihm bei der Erfüllung seiner Aufgaben nach diesem Gesetz bekannt gewordenen Informationen an die Zollbehörden, soweit dies zum Zwecke der Überwachung des Außenwirtschaftsverkehrs mit Grundstoffen erforderlich ist.

(5) Das Bundeskriminalamt, die Landeskriminalämter und das Zollkriminalamt übermitteln der Gemeinsamen Grundstoffüberwachungsstelle die zur Erfüllung der Berichtspflichten nach § 12 Abs. 1 und 3 erforderlichen Informationen.

(6) Dritte, an die die Daten übermittelt werden, dürfen die Daten nur zu dem Zweck verwenden, für den sie übermittelt worden sind. Eine Verwendung für andere Zwecke ist zulässig, soweit die Daten auch für diese Zwecke hätten übermittelt werden dürfen.

-

§ 12 Berichterstattung

(1) Die Gemeinsame Grundstoffüberwachungsstelle berichtet dem Bundesinstitut für Arzneimittel und Medizinprodukte über

1.

die ihr im Inland bekannt gewordenen Sicherstellungen von Grundstoffen nach Art und Menge und

2.

die Methoden der Abzweigung einschließlich der unerlaubten Herstellung von Grundstoffen.

Der Bericht ist jährlich bis zum 15. April für das vergangene Kalenderjahr abzugeben.

(2) Die nach Artikel 13 Abs. 1 der Verordnung (EG) Nr. 273/2004 und in Artikel 32 Unterabs. 1 der Verordnung (EG) Nr. 111/2005 vorgeschriebene Berichterstattung obliegt dem Bundesinstitut für Arzneimittel und Medizinprodukte.

(3) Die nach Artikel 29 Abs. 1 der Verordnung (EG) Nr. 1277/2005 vorgeschriebene Berichterstattung obliegt der Gemeinsamen Grundstoffüberwachungsstelle.

Abschnitt 3

Verkehr mit Grundstoffen

-

§ 13 Versagung der Erlaubnis nach Artikel 6 Abs. 1 der Verordnung (EG) Nr. 111/2005

Für die Versagung der Erlaubnis nach Artikel 6 Abs. 1 der Verordnung (EG) Nr. 111/2005 gilt Artikel 3 Abs. 4 Satz 2 der Verordnung (EG) Nr. 273/2004 entsprechend.

-

§ 14 Registrierung

Das Bundesinstitut für Arzneimittel und Medizinprodukte bestätigt dem Anzeigenden innerhalb eines Monats die Registrierung nach Artikel 3 Abs. 6 der Verordnung (EG) Nr. 273/2004 oder Artikel 7 Abs. 1 der Verordnung (EG) Nr. 111/2005.

-

§ 15 Gebühren und Auslagen

(1) Das Bundesinstitut für Arzneimittel und Medizinprodukte kann für die in Artikel 3 Abs. 7 der Verordnung (EG) Nr. 273/2004 und Artikel 26 Abs. 5 der Verordnung (EG) Nr. 111/2005 bezeichneten individuell zurechenbaren öffentlichen Leistungen Gebühren zur Deckung des Verwaltungsaufwands sowie Auslagen erheben.

(2) Das Bundesministerium für Gesundheit wird ermächtigt, im Einvernehmen mit dem Bundesministerium des Innern, dem Bundesministerium der Finanzen und dem Bundesministerium für Wirtschaft und Energie durch Rechtsverordnung ohne Zustimmung des Bundesrates die gebührenpflichtigen Tatbestände und Gebühren nach Absatz 1 zu bestimmen und dabei feste Sätze oder Rahmensätze vorzusehen. Das Bundesgebührengesetz ist nach Maßgabe von Artikel 3 Abs. 7 der Verordnung (EG) Nr. 273/2004 und Artikel 26 Abs. 5 der Verordnung (EG) Nr. 111/2005 anzuwenden.

Abschnitt 4

Überwachung

§ 16 Überwachungsmaßnahmen

(1) Die für die Überwachung des Verkehrs mit Grundstoffen zuständigen Behörden oder die mit der Überwachung beauftragten Personen sind befugt,

1.

von Wirtschaftsbeteiligten alle für die Überwachung erforderlichen Auskünfte zu verlangen;

2.

die in Artikel 5 Abs. 2 und 3 der Verordnung (EG) Nr. 273/2004 und Artikel 3 der Verordnung (EG) Nr. 111/2005 bezeichneten Unterlagen einzusehen und hieraus Abschriften anzufertigen sowie Einsicht in die nach Artikel 5 Abs. 6 der Verordnung (EG) Nr. 273/2004 oder Artikel 4 Satz 3 der Verordnung (EG) Nr. 111/2005 angelegten elektronischen Dokumente zu nehmen und Ausdrucke dieser Dokumente zu verlangen, soweit diese für die Aufdeckung oder Verhinderung der unerlaubten Abzweigung von Grundstoffen erforderlich sind;

3.

die Datenverarbeitungssysteme von Wirtschaftsbeteiligten zur Prüfung der Unterlagen nach Nummer 2 zu nutzen; sie können auch verlangen, dass die Daten nach ihren Vorgaben automatisiert ausgewertet oder ihnen auf automatisiert verarbeitbaren Datenträgern zur Verfügung gestellt werden, soweit dies für die Aufdeckung oder Verhinderung der unerlaubten Abzweigung von Grundstoffen erforderlich ist;

4.

Grundstücke, Gebäude, Gebäudeteile, Einrichtungen und Transportmittel, die zum Verkehr mit Grundstoffen genutzt werden, zu betreten und zu besichtigen, um zu prüfen, ob die Vorschriften dieses Gesetzes sowie der Verordnung (EG) Nr. 273/2004, der Verordnung (EG) Nr. 111/2005 und der Verordnung (EG) Nr. 1277/2005 beachtet werden. Zur Abwehr dringender Gefahren für die öffentliche Sicherheit, insbesondere zur Verhinderung einer Straftat nach § 19 oder einer Ordnungswidrigkeit nach § 20, dürfen die bezeichneten Grundstücke, Gebäude, Gebäudeteile, Einrichtungen und Transportmittel auch außerhalb der Betriebs- und Geschäftszeit sowie zu Wohnzwecken dienende Räume betreten werden; das Grundrecht der Unverletzlichkeit der Wohnung (Artikel 13 des Grundgesetzes) wird insoweit eingeschränkt;

5.

zur Verhütung dringender Gefahren für die Sicherheit und Kontrolle des Grundstoffverkehrs vorläufige Anordnungen zu treffen, soweit Tatsachen die Annahme rechtfertigen, dass

a)

ein Grundstoff zur unerlaubten Herstellung von Betäubungsmitteln abgezweigt werden soll oder

b)

Vorschriften dieses Gesetzes, der Verordnung (EG) Nr. 273/2004, der Verordnung (EG) Nr. 111/2005 oder der Verordnung (EG) Nr. 1277/2005 nicht eingehalten werden.

Insbesondere können sie die weitere Teilnahme am Grundstoffverkehr ganz oder teilweise untersagen und die Grundstoffbestände sicherstellen. Die zuständige Behörde hat innerhalb eines Monats nach Erlass einer vorläufigen Anordnung endgültig zu entscheiden. Maßnahmen der mit der Überwachung beauftragten Personen werden einen Monat nach ihrer Bekanntgabe unwirksam. Erfolgt eine Bekanntgabe nicht, werden sie einen Monat nach ihrer Vornahme unwirksam. Die zuständige Behörde kann Maßnahmen jeder mit der Überwachung beauftragten Person bereits vorher aufheben.

(2) Die Zollbehörden prüfen im Rahmen ihrer Zuständigkeiten nach § 5 Abs. 2 die Einhaltung dieses Gesetzes und der auf diesem Gebiet erlassenen Rechtsakte der Europäischen Gemeinschaften. Sie können zu diesem Zweck von den am Warenverkehr mittelbar oder unmittelbar beteiligten Personen Auskünfte und die Vorlage von Unterlagen verlangen. Bestehen Zweifel an der Einhaltung der zuvor genannten Vorschriften, ordnen die Zollbehörden im Falle des innergemeinschaftlichen Warenverkehrs die Beschlagnahme, im Falle der Ein- und Ausfuhr die Aussetzung der Überlassung oder die Zurückhaltung der Waren an. Werden die Zweifel nicht innerhalb einer Frist von sieben Werktagen ausgeräumt, können die Zollbehörden die Einziehung der Waren anordnen, soweit nicht die Einziehung nach § 21 in Betracht kommt. Die Kosten für die in dieser Vorschrift genannten Sicherungsmaßnahmen können den Verfügungsberechtigten auferlegt werden.

(3) Die auf Grund von Überwachungsmaßnahmen nach Absatz 1 und 2 erlangten Informationen dürfen nur zu den in § 4 Abs. 2 Satz 3 genannten Zwecken verwendet werden. Die für die Überwachung des Verkehrs mit Grundstoffen zuständigen Behörden dürfen die Informationen auch ohne Ersuchen an die Gemeinsame Grundstoffüberwachungsstelle übermitteln, soweit aus ihrer Sicht die Kenntnis der Informationen für die in § 4 Abs. 2 Satz 3 genannten Zwecke erforderlich ist.

-

§ 17 Probenahmen

(1) Soweit es zur Durchführung dieses Gesetzes, der Verordnung (EG) Nr. 273/2004, der Verordnung (EG) Nr. 111/2005 oder der Verordnung (EG) Nr. 1277/2005 erforderlich ist, sind die mit der Überwachung beauftragten Personen befugt, gegen Empfangsbescheinigung Proben nach ihrer Auswahl zum Zwecke der Untersuchung zu fordern oder zu entnehmen. Soweit nicht ausdrücklich darauf verzichtet wird, ist ein Teil der Probe, oder sofern die Probe nicht oder ohne Gefährdung des Untersuchungszwecks nicht in Teile von gleicher Qualität teilbar

ist, ein zweites Stück der gleichen Art wie das als Probe entnommene zurückzulassen.

(2) Zurückzulassende Proben sind amtlich zu verschließen oder zu versiegeln. Sie sind mit dem Datum der Probenahme und dem Datum des Tages zu versehen, nach dessen Ablauf der Verschluss oder die Versiegelung als aufgehoben gelten.

-

§ 18 Duldungs- und Mitwirkungspflichten

(1) Jeder Wirtschaftsbeteiligte ist verpflichtet, Maßnahmen nach den §§ 16 und 17 zu dulden und bei der Durchführung der Überwachung mitzuwirken, insbesondere auf Verlangen der mit der Überwachung beauftragten Personen die Stellen zu bezeichnen, an denen der Verkehr mit Grundstoffen stattfindet, umfriedete Grundstücke, Gebäude, Räume, Behälter und Behältnisse zu öffnen, Auskünfte zu erteilen, Unterlagen vorzulegen sowie die Entnahme von Proben zu ermöglichen.

(2) Der zur Auskunft Verpflichtete kann die Auskunft auf solche Fragen verweigern, deren Beantwortung ihn selbst oder einen seiner in § 383 Abs. 1 Nr. 1 bis 3 der Zivilprozessordnung bezeichneten Angehörigen der Gefahr strafgerichtlicher Verfolgung oder eines Verfahrens nach dem Gesetz über Ordnungswidrigkeiten aussetzen würde. Der zur Auskunft Verpflichtete ist vor der Auskunft über sein Recht zur Auskunftsverweigerung zu belehren.

Abschnitt 5
Straf- und Bußgeldvorschriften

-

§ 19 Strafvorschriften

(1) Mit Freiheitsstrafe bis zu fünf Jahren oder mit Geldstrafe wird bestraft, wer

1.

entgegen § 3 einen Grundstoff besitzt, herstellt, mit ihm Handel treibt, ihn, ohne Handel zu treiben, einführt, ausführt, durch den oder im Geltungsbereich dieses Gesetzes befördert, veräußert, abgibt oder in sonstiger Weise einem anderen die Möglichkeit eröffnet, die tatsächliche Verfügung über ihn zu erlangen, erwirbt oder sich in sonstiger Weise verschafft,

2.

entgegen Artikel 3 Abs. 2 der Verordnung (EG) Nr. 273/2004 einen in Kategorie 1 des Anhangs I dieser Verordnung bezeichneten Grundstoff ohne Erlaubnis besitzt oder in den Verkehr bringt,

3.

entgegen Artikel 6 Abs. 1 der Verordnung (EG) Nr. 111/2005 einen in Kategorie 1 des Anhangs dieser Verordnung bezeichneten Grundstoff ohne Erlaubnis einführt, ausführt oder ein Vermittlungsgeschäft mit ihm betreibt,

4.

entgegen Artikel 12 Abs. 1 der Verordnung (EG) Nr. 111/2005 einen in Kategorie 1, 2, 3 oder 4 des Anhangs dieser Verordnung bezeichneten Grundstoff ohne Ausfuhrgenehmigung ausführt oder

5.

entgegen Artikel 20 der Verordnung (EG) Nr. 111/2005 einen in Kategorie 1 des Anhangs dieser Verordnung bezeichneten Grundstoff ohne Einfuhrgenehmigung einführt.

(2) Der Versuch ist strafbar.

(3) In besonders schweren Fällen des Absatzes 1 ist die Strafe Freiheitsstrafe nicht unter einem Jahr. Ein besonders schwerer Fall liegt in der Regel vor, wenn der Täter

1.

gewerbsmäßig oder

2.

als Mitglied einer Bande, die sich zur fortgesetzten Begehung solcher Taten verbunden hat, handelt.

(4) Handelt der Täter in den Fällen des Absatzes 1 fahrlässig, so ist die Strafe Freiheitsstrafe bis zu einem Jahr oder Geldstrafe.

(5) Soweit auf die Verordnung (EG) Nr. 273/2004 oder die Verordnung (EG) Nr. 111/2005 Bezug genommen wird, ist jeweils die am 21. September 2016 geltende Fassung maßgeblich.

-

§ 20 Bußgeldvorschriften

(1) Ordnungswidrig handelt, wer vorsätzlich oder fahrlässig

1.

in einem Antrag nach Artikel 5 der Verordnung (EG) Nr. 1277/2005 eine unrichtige Angabe macht oder eine unrichtige Unterlage beifügt,

2.

entgegen Artikel 3 Abs. 3 der Verordnung (EG) Nr. 273/2004 einen in Kategorie 1 des Anhangs I dieser Verordnung bezeichneten Grundstoff in der Gemeinschaft abgibt,

3.

entgegen Artikel 3 Abs. 6 der Verordnung (EG) Nr. 273/2004 dem Bundesinstitut für Arzneimittel und Medizinprodukte die Anschrift der Geschäftsräume, in denen ein in Kategorie 2 des Anhangs I dieser Verordnung bezeichneter Grundstoff hergestellt oder von denen aus mit ihm Handel betrieben wird, vor dem Inverkehrbringen nicht, nicht richtig, nicht vollständig oder nicht rechtzeitig anzeigt oder deren Änderung nicht, nicht richtig, nicht vollständig oder nicht rechtzeitig mitteilt,

4.

entgegen Artikel 7 Abs. 1 der Verordnung (EG) Nr. 111/2005 dem Bundesinstitut für Arzneimittel und Medizinprodukte die Anschrift der

Geschäftsräume, von denen ein in Kategorie 2 des Anhangs der Verordnung (EG) Nr. 111/2005 bezeichneter Grundstoff eingeführt, ausgeführt oder ein Vermittlungsgeschäft mit ihm betrieben wird, nicht, nicht richtig, nicht vollständig oder nicht rechtzeitig anzeigt oder deren Änderung nicht, nicht richtig, nicht vollständig oder nicht rechtzeitig mitteilt,

5.

entgegen Artikel 7 Abs. 1 der Verordnung (EG) Nr. 111/2005, auch in Verbindung mit Artikel 14 Abs. 1 Unterabs. 2 oder Abs. 2 Unterabs. 2 und Anhang II der Verordnung (EG) Nr. 1277/2005, dem Bundesinstitut für Arzneimittel und Medizinprodukte die Anschrift der Geschäftsräume, von denen ein in Kategorie 3 des Anhangs der Verordnung (EG) Nr. 111/2005 bezeichneter Grundstoff ausgeführt wird, nicht, nicht richtig, nicht vollständig oder nicht rechtzeitig anzeigt oder deren Änderung nicht, nicht richtig, nicht vollständig oder nicht rechtzeitig mitteilt,

6.

entgegen Artikel 5 Abs. 1 und 2 der Verordnung (EG) Nr. 273/2004 einen Vorgang, der zum Inverkehrbringen eines in Kategorie 1 oder 2 des Anhangs I dieser Verordnung bezeichneten Grundstoffs führt, nicht ordnungsgemäß in Handelspapieren wie Rechnungen, Ladungsverzeichnissen, Verwaltungsunterlagen oder Fracht- und sonstigen Versandpapieren dokumentiert oder entgegen Artikel 5 Abs. 3 dieser Verordnung eine Erklärung des Kunden nicht beifügt,

7.

entgegen Artikel 3 der Verordnung (EG) Nr. 111/2005 Einfuhren oder Ausfuhren von Grundstoffen oder Vermittlungsgeschäfte mit Grundstoffen nicht ordnungsgemäß in Zoll- und Handelspapieren wie summarischen Erklärungen, Zollanmeldungen, Rechnungen, Ladungsverzeichnissen oder Fracht- und sonstigen Versandpapieren dokumentiert,

8.

entgegen Artikel 5 Abs. 5, auch in Verbindung mit Abs. 6 der Verordnung (EG) Nr. 273/2004, die in Artikel 5 Abs. 2 und 3 dieser Verordnung bezeichneten Handelspapiere nicht oder nicht mindestens drei Jahre nach Ende des Kalenderjahres, in dem der in Artikel 5 Abs. 1 dieser Verordnung bezeichnete Vorgang stattgefunden hat, aufbewahrt,

9.

entgegen Artikel 4 der Verordnung (EG) Nr. 111/2005 die in Artikel 3 dieser Verordnung bezeichneten Zoll- und Handelspapiere nicht oder nicht mindestens drei Jahre nach Ende des Kalenderjahres, in dem der in Artikel 3 dieser Verordnung bezeichnete Vorgang stattgefunden hat, aufbewahrt,

10.

entgegen Artikel 7 der Verordnung (EG) Nr. 273/2004 einen in Kategorie 1 oder 2 des Anhangs I dieser Verordnung bezeichneten Grundstoff, einschließlich Mischungen und Naturprodukte, die derartige Grundstoffe enthalten, vor deren Abgabe in der Gemeinschaft nicht oder nicht in der vorgeschriebenen Form kennzeichnet,

11.

entgegen Artikel 5 der Verordnung (EG) Nr. 111/2005 einen Grundstoff, einschließlich Mischungen und Naturprodukte, die Grundstoffe enthalten, vor der Einfuhr oder Ausfuhr nicht oder nicht in der vorgeschriebenen Form kennzeichnet,

12.

entgegen Artikel 17 Unterabs. 1 in Verbindung mit Artikel 19 Unterabs. 1 der Verordnung (EG) Nr. 1277/2005 dem Bundesinstitut für Arzneimittel und Medizinprodukte eine Meldung über die Mengen von in Kategorie 1 oder 2 des Anhangs I der Verordnung (EG) Nr. 273/2004 bezeichneten Grundstoffen, die von ihm im zurückliegenden Kalenderjahr innerhalb der Gemeinschaft geliefert wurden, nicht, nicht richtig, nicht vollständig oder nicht rechtzeitig erstattet,

13.

130

entgegen Artikel 18 in Verbindung mit Artikel 19 Unterabs. 1 der Verordnung (EG) Nr. 1277/2005 dem Bundesinstitut für Arzneimittel und Medizinprodukte eine Meldung über Ausfuhren, Einfuhren oder Vermittlungsgeschäfte, die von ihm im zurückliegenden Kalenderjahr getätigt wurden, nicht, nicht richtig, nicht vollständig oder nicht rechtzeitig erstattet,

14.

entgegen Artikel 13 Abs. 1 der Verordnung (EG) Nr. 111/2005 in einem Antrag auf Ausfuhrgenehmigung eine Angabe nicht, nicht richtig oder nicht vollständig macht,

15.

einer vollziehbaren Auflage zur Ausfuhrgenehmigung nach Artikel 14 Abs. 1 Unterabs. 1 Satz 1 der Verordnung (EG) Nr. 111/2005 zuwiderhandelt, indem er am Ort der Verbringung aus dem Zollgebiet der Gemeinschaft eine Angabe über den Beförderungsweg oder das Transportmittel nicht, nicht richtig oder nicht vollständig macht,

16.

entgegen Artikel 21 Abs. 1 der Verordnung (EG) Nr. 111/2005 in einem Antrag auf Einfuhrgenehmigung eine Angabe nicht, nicht richtig oder nicht vollständig macht oder

17.

entgegen § 18 Abs. 1 einer Duldungs- oder Mitwirkungspflicht nicht nachkommt.

(2) Die Ordnungswidrigkeit kann mit einer Geldbuße bis zu fünfundzwanzigtausend Euro geahndet werden.

(3) Verwaltungsbehörde im Sinne des § 36 Abs. 1 Nr. 1 des Gesetzes über Ordnungswidrigkeiten ist das Bundesinstitut für Arzneimittel und Medizinprodukte.

(4) Soweit auf die Verordnung (EG) Nr. 273/2004, die Verordnung (EG) Nr. 111/2005 oder die Verordnung (EG) Nr. 1277/2005 Bezug genommen wird, ist jeweils die am 18. August 2005 geltende Fassung maßgeblich.

-

§ 21 Einziehung

Gegenstände, auf die sich eine Straftat nach § 19 oder eine Ordnungswidrigkeit nach § 20 bezieht, können eingezogen werden. § 74a des Strafgesetzbuchs und § 23 des Gesetzes über Ordnungswidrigkeiten sind anzuwenden.

Abschnitt 6

Schlussbestimmungen

-

§ 22 Bundeswehr

(1) Dieses Gesetz sowie die Verordnung (EG) Nr. 273/2004, die Verordnung (EG) Nr. 111/2005 und die Verordnung (EG) Nr. 1277/2005 sind auf die Bundeswehr entsprechend anzuwenden.

(2) Im Bereich der Bundeswehr obliegt die Überwachung des Verkehrs mit Grundstoffen den zuständigen Stellen und Sachverständigen der Bundeswehr.

(3) Das Bundesministerium der Verteidigung kann für seinen Geschäftsbereich im Einvernehmen mit dem Bundesministerium für Gesundheit in Einzelfällen Ausnahmen von diesem Gesetz sowie von der Verordnung (EG) Nr. 273/2004, der Verordnung (EG) Nr. 111/2005 und der Verordnung (EG) Nr. 1277/2005 zulassen, soweit zwingende Gründe der Verteidigung dies erfordern und die internationalen Suchtstoffübereinkommen dem nicht entgegenstehen.

www.ingramcontent.com/pod-product-compliance
Lightning Source LLC
Chambersburg PA
CBHW070809180526
45168CB00002B/543